DIE

CIVILPROZESSORDNUNG

UND DIE PRAXIS.

DIE
CIVILPROZESSORDNUNG
UND
DIE PRAXIS.

VON

Dr. ADOLF WACH.

LEIPZIG,
VERLAG VON DUNCKER & HUMBLOT.
1886.

Vorwort.

Der folgenden kleinen Schrift habe ich ein Wort des Dankes vorauszuschicken. Durch Seine Excellenz den Herrn Justizminister Dr. Friedberg ist mir gütigst gestattet worden, den von ihm Seiner Majestät dem Kaiser und König am 31. Januar 1882 erstatteten „Bericht über den Stand der Justizverwaltung und Rechtspflege in Preussen", welcher „als Manuscript gedruckt" ist, in den folgenden Zeilen zu benutzen.

Leipzig, den 5. Februar 1886.

Wach.

Inhalt.

		Seite
I.	Bähr gegen Leonhardt	5
II.	Bähr's Enquête	13
III.	Das Referat und Votum	17
IV.	Die vorbereitenden Schriftsätze als Informationsmittel	26
V.	Die vorbereitenden Schriftsätze und der Thatbestand als Beurkundungsmittel	37
VI.	Die Mündlichkeit	52

Als der preussische Justizminister und Bevollmächtigte zum Bundesrath Dr. Leonhardt am 22. Februar 1870 die Berathung über den Entwurf des deutschen Strafgesetzbuchs im Reichstag einleitete, sagte er:

„Gesetze, welche in heutiger Zeit erlassen werden, sind nicht bestimmt auf Jahrhunderte zu gelten —"
„Man mag deshalb, wenn die Zeit gekommen ist, die Resultate der Gesetzgebung und Jurisprudenz zusammenfassen und dann nach einiger Zeit, vielleicht nach Ablauf von fünf Jahren, eine Revision des Gesetzbuchs eintreten lassen". —

Und die Zeit ist gekommen; schon am 26. Februar 1876 wurde die umfassende Novelle zum Strafgesetzbuch publicirt.

Sollte es mit der Reichscivilprozessordnung (CPO.) ähnlich gehen? Die Verbesserungsfreudigkeit und Arbeitskraft unserer gesetzgebenden Faktoren in allen Ehren! Eine gesetzgeberische Maxime, welche die Gesetze nicht auf die Dauer berechnete, wäre höchst beklagenswerth. Die Stabilität der Rechtsordnung — sofern sie mit dem Entwickelungsbedürfniss vernünftigerweise verträglich ist

— hat einen selbstständigen hohen sittlichen und praktischen Werth. Erst durch sie wird die Herrschaft über den Gesetzesinhalt gewonnen, dieser zur sicheren und lieben Uebung, „*in succum et sanguinem*" aufgenommen. Erst durch sie lernt das Leben die verständnissvolle Anpassung an den Gesetzesgedanken und schleifen sich Ecken und Härten ab, welche die anfänglich ängstliche und unfreie Handhabung des Gesetzes uns unangenehm empfinden lässt. So findet man sich auch mit Manchem ab, was *a priori* tadelnswerth, vielleicht dem unbegreiflich scheint, welcher als Fremder dieses ungewohnte Recht kennen lernt. Und das gilt in ganz besonderem Maasse von einem Prozessgesetz, dessen Aufgabe es ist, den Lauf des Rechtsgangs im Gericht und jede Handlung desselben zu bestimmen.

Noch ist die CPO. des Reichs erst wenige Jahre in Geltung. Jeder, der den 1. Oktober 1879 in der Praxis erlebte, wird sich der Zaghaftigkeit erinnern, mit welcher man tastend den neuen Rechtsweg betrat. Noch sind wir von einer vollen Sicherheit der Bewegung auf ihm weit entfernt; noch fehlt eine durchgebildete Theorie und eine feste Praxis; noch werden häufig genug selbst tüchtige und von Anbeginn in der neuen Civilrechtspflege viel beschäftigte Richter und Anwälte über Dinge zweifelhaft sein, welche eine eingelebte Rechtspflege gewohnheitsmässig spielend erledigt. Noch sind hohe und höchste Gerichte vorwiegend mit Richtern besetzt, welche nicht Gelegenheit gehabt haben, selbst das Gesetz in erster Instanz anzuwenden und denen daher der wünschenswerthe

Reichthum der eigenen Lebenserfahrung fehlen muss. Noch wirken die alten Gewöhnungen sehr entschieden auf die Praxis: der französische, der hannöverische, der altpreussische, gemeinrechtliche Jurist tragen ihre hergebrachten Anschauungen in das Gesetz und Rechtsleben hinein und erzeugen dadurch eine Verschiedenheit, ja mitunter Gesetzwidrigkeit der Uebung, welche erst sehr allmählich, gewiss nicht vor dem Aussterben der lebenden Generation ganz überwunden werden wird.

Also brauchen wir Zeit und abermals Zeit für Erproben des Gesetzes und das Einleben in das Gesetz.

Aber wie, wenn schon jetzt erkennbar sein sollte, dass wir es mit einem in den Grundlagen unhaltbaren Bau zu thun haben und dass je länger, je mehr Uebelstände aus diesem Gesetz erwachsen? Dann freilich gälte es, so schnell wie möglich die Hand ans Werk zu legen, damit die Gesetzgebungsmaschine wieder zermalme, was sie mit so vieler Mühe hergestellt hat.

Kein Geringerer als Dr. O. Bähr[1]) hält diesen Zeitpunkt für gekommen. Freilich sagt er: es bedürfe zur Verwirklichung der von ihm für nothwendig erachteten Reform keiner umfassenden Umarbeitung der Prozess-

---

1) In seiner Abhandlung „der deutsche Civilprozess in praktischer Bethätigung", welche er in den von v. Jhering in Verbindung mit ihm und Unger herausgegebenen Jahrbüchern für die Dogmatik des heutigen römischen und deutschen Privatrechts, Bd. XXIII (N. F. XI. Bd.) Jena 1885 S. 339—434 veröffentlicht hat. —

Im Text wird Bährs Name mit B. abgekürzt; werden nur Seitenzahlen citirt, ohne Angabe der Schrift, auf welche sie sich beziehen, so ist Bährs Abhandlung gemeint.

ordnung; es würden verhältnissmässig wenige Bestimmungen ausreichen (S. 432). Aber seine Reformen treffen ins Herz; sie sollen neben der mündlichen Rede der Schrift zu ihrem natürlichen Rechte verhelfen und dadurch den Prozess auf eine solide Grundlage stellen; sie sollen nicht minder die Parteien von der Bevormundung befreien, welche der Richter durch Aufstellung des Thatbestandes übt (S. 432). Um es kurz zu sagen: sie sollen den Prozess aus einem mündlichen zu einem schriftlichen machen. Denn darauf kommen Bährs Gedanken hinaus.

Das wäre freilich ein klägliches Fiasko unserer gesetzgeberischen Bewegung und Arbeiten der letzten Jahrzehnte. Aber dieses Fiasko ist nach O. Bähr schon eingetreten und es hilft nichts, die Augen dagegen zu verschliessen. Er sagt:

„Bleiben die Zustände, wie sie gegenwärtig sind, so wage ich vorauszusehen, dass im Laufe eines Menschenlebens der Werth unserer Rechtssprechung durch die Verlotterung tief gesunken sein wird." — „Die geschilderten Gefahren sind solche, die nicht allein die Intelligenz, sondern auch den Charakter des Juristenstandes gefährden, ganz abgesehen davon, dass die höhere Intelligenz stets auch die beste Stütze des Charakters ist. Gewöhnt sich unsere Justiz daran, die ihr anvertrauten Interessen oberflächlich und gleichgültig zu behandeln; wird unser Richterstand einerseits zur Willkür, andererseits zu einem die materielle Gerechtigkeit hintenansetzenden Formalismus erzogen, so sinkt damit der Juristenstand nicht blos intellektuell, sondern auch moralisch."

Diese düstere Prophetie aus dem Munde eines Mannes, dem die deutsche Juristenwelt reiche Belehrung verdankt, mahnt zu strenger Prüfung der Lage. Sie soll im Folgenden versucht werden. Dabei ist das Ziel fest im Auge zu behalten. Wir fragen nicht nach Mängeln des Gesetzes — an ihnen fehlt es nicht und sie werden keinem Gesetze fehlen. Es handelt sich um letale Fehler, darum, ob die Bähr'sche Verurtheilung des grundsätzlichen Aufbaues unseres Prozessverfahrens berechtigt ist. Und wie auch immer die Sache liegt, jedenfalls ist es ein grosses und dankbar anzuerkennendes Verdienst B.'s, zu solcher Prüfung den Anstoss gegeben zu haben[2]).

I.
Bähr gegen Leonhardt.

B. legt bei der Beurtheilung der CPO. mit Recht grossen Werth auf das psychologische Moment, darauf, inwiefern das Gesetz richtig mit den menschlichen Fähigkeiten und Neigungen rechnet. Dieses Moment aber ist nicht minder wichtig für die Erspriesslichkeit der kritischen Thätigkeit. Der Kritiker will richten, und für sein Urtheil

---

[2]) Gegen ihn wendet sich zum Theil die Abhandlung des Dr. Henrici, Senats-Präsident des Reichsgerichts, „das deutsche Reichsgericht" in den gen. Jahrbüchern Bd. XXIV (N. F. XII. Bd.) S. 1—32, vgl. S. 3 ff., 15 f. 29 f. — Die folgende Erörterung wird sich fast ausschliesslich mit der ersten bez. der Berufungsinstanz befassen. B.s Angriffe gegen die Revision und die Praxis des Reichsgerichts sind von dem Thema, welches ich mir gestellt habe, trennbar.

die Zustimmung seiner Leser gewinnen; wir trauen seinem Urtheil, wenn wir nicht nur seiner Intelligenz und Objektivität trauen, sondern wenn auch seine Beweisführung die Unbefangenheit des Lesers wahrt. Im letzteren Punkte scheint mir B. nicht ganz die wünschenswerthe Zurückhaltung beobachtet zu haben.

Er beginnt seine Abhandlung mit einem scharfen Angriff auf den verstorbenen Justizminister Leonhardt. Indem er ihm die ausreichende Befähigung und Kenntniss für grosse gesetzgeberische Aufgaben abspricht, macht er den Leser befangen in der Beurtheilung der CPO. welche er für das „eigenste Werk" jenes Mannes erklärt.

Von anderen verfehlten legislatorischen Versuchen abgesehen wird die übertriebene Konsequenzmacherei des ersten Entwurfs der CPO., zumal das Bestreben, die Berufung in kollegialgerichtlichen Sachen zu opfern, gerügt, und daran, dass Männer, welche bei der Abfassung der Justizgesetze „den grössten Einfluss" hatten, jener Verirrung verfallen gewesen, erinnert, um „auch in der Beurtheilung dessen, was positiv aus ihrer Thätigkeit hervorgegangen ist, unbefangener" zu machen (S. 357)[3].

---

3) In dem Kampf gegen die Revision war ich in der glücklichen Lage, O. Bähr sekundiren zu können. Er hatte 1871 in weiterer und vertiefter Ausführung seiner bereits auf dem Stuttgarter Juristentag am 29. August 1871 (s. Verhandlungen d. IX. deutsch. Juristentags Bd. II Berlin 1871 S. 323 ff.) ausgesprochenen Gedanken die treffliche Schrift „über das Rechtsmittel zweiter Instanz", Jena 1871 veröffentlicht. Ich habe die Frage behandelt in der kritischen Vierteljahrsschrift Bd. XV München 1873 S. 88 ff. 351 ff.

Ich beabsichtige nicht, mich zum Vertheidiger des Minister Leonhardt aufzuwerfen. Aber die Schlussfolgerungen aus der Unzulänglichkeit des angeblichen Autors des Werkes auf die des Werkes selbst muss ich ablehnen. Weder sind die Grundgedanken der CPO. — und gerade gegen sie richtet sich B.s Angriff — Erfindungen des Dr. Leonhardt, noch ist er die eigentliche treibende Kraft gewesen, welche jene Grundgedanken ins deutsche Rechtsleben eingeführt hat. Ihn in jener und dieser Beziehung zum intellektuellen Urheber der CPO. machen, heisst ihn in der That überschätzen. Er war nur ein Instrument, um dem immer wachsenden Drängen nach der Reform des Prozesses und der Wandlung desselben in die mündliche Form zum Ausdruck zu verhelfen. Die Gedanken, um deren Aufnahme es sich handelte, waren uralt und aus altgermanischem Wesen herausgebildet. Dass sich dieser Vorgang auf französischem Boden und nicht auf dem unsrigen vollzogen hatte, hängt mit der Geschichte der Reception der fremden Rechte zusammen. Dass wir sonach die Grundgedanken der Reform dem französischen Wesen entlehnten, kann uns diese nicht verdächtigen; denn auch auf dem Rechtsgebiet soll der Geistesaustausch, das „Geben und Nehmen, Entlehnen und Mittheilen" den Fortschritt fördern[4]. Oder sollen wir vergessen, dass erst hierdurch der deutsche Geist die reichste Befruchtung und Vertiefung in der Aufnahme der fremden Rechte erfahren hat?

---

[4] Vgl. hierzu die Worte v. Iherings in seinem Geist des römischen Rechts Bd. I § 1 S. 5 ff.

An anderer Stelle habe ich die Vorgeschichte der CPO. dargestellt[5]) und, wie ich glaube, die Richtigkeit dieser Behauptungen erwiesen; wenn sie überhaupt des Beweises bedürfen. Was also soll uns die Unzulänglichkeit des Dr. Leonhardt beweisen? Aber B. ist auch nicht ganz gerecht gegen Ihn. Er sagt (S. 357), dass durch die ganze CPO., wie sie aus Leonhardts Händen hervorgegangen, ein Zug hindurchgehe, welcher zu dem Gedanken verleiten könne, als ob es die Gesetzgebung für ihre Aufgabe gehalten habe, denen, welche Prozesse führen wollen, das Leben nicht so leicht zu machen und ihnen durch allerhand offen gehaltene Fährnisse zu Gemüthe zu führen, dass das Prozessiren kein Scherz sei. Dahin sollen auch, wenigstens dem Erfolge nach, zielen die grosse Machtfülle, mit welcher man das Justizpersonal ausgestattet habe (die des Anwalts, des Richters, des Gerichtsvollziehers), die „unglückliche Erfindung von der Reinhaltung des richterlichen Amtes", der Prozessbetrieb der Parteien, das komplicirte Zustellungswesen.

Wäre wirklich das Gesetz in allen diesen Beziehungen so tadelnswerth, wie B. meint, so wäre doch Dr. Leonhardt — zu dessen Streben das „Wohlwollen" der altpreussischen Gesetzgebung in Gegensatz gestellt wird (S. 358) — dafür nicht streng zur Rechenschaft zu ziehen; denn alle jene Einrichtungen sind ihrem Grund-

---

5) Vgl. mein Handbuch des deutschen Civilprozessrechts, Bd. I. Leipzig 1885, S. 129—155.

gedanken nach nicht seine „Erfindungen", sondern altfranzösisch, und nach weit verbreitetem Urtheil dort, wo man sie in Deutschland eingeführt hatte, wohl bewährt erfunden und von den verschiedenen Gesetzgebungskommissionen (des deutschen, des norddeutschen Bundes, des Reichs), an welchen Praktiker anerkannter Bedeutung theilnahmen, gebilligt worden.

Aber jene Institutionen verdienen den auf sie gehäuften Tadel keineswegs. Die generelle Behauptung des die CPO. durchdringenden kaptiösen Charakters entzieht sich, sofern er nicht in den unten zu besprechenden Hauptgegenständen der Bährschen Kritik substantiirt wird, der Nachprüfung [6]). Die gefährliche Steigerung der Macht-

---

[6] Wenn die CPO. von der Androhung der Versäumnissfolgen in der Ladung absieht, so hat das etwas kaptiöses. Aber war nicht das gemeinrechtliche Prozesssystem mit seiner Eventualmaxime trotz solcher Androhungen noch kaptiöser? Und darf man nicht mit Recht erwarten, dass auch ohne die Androhung die Ladung mit richterlicher Terminsanberaumung als ernster Akt behandelt und geachtet werde? Ist die Partei nicht in Ermangelung eigener Einsicht immer auf den Rath des Anwalts angewiesen? Giebt endlich nicht die CPO. mit ihrem Einspruchssystem ein dem gemeinen Prozess ganz unbekanntes, machtvolles Schutzmittel in die Hand der Partei? — Vgl. auch Vierhaus in der Zeitschrift für deutschen Civilprozess her. v. H. Busch, Bd. II., Berlin 1880, S. 142 ff. und die Motive für CPO. § 209 (202), über deren doktrinäre Begründung des Satzes der CPO § 209 man verschieden denken kann, deren historische Unterlage in den CPOn von Hannover, Bayern, Württemberg, Oldenburg aber hinlänglich stark war. — Für das gesetzgeberische „Wohlwollen" gegenüber der Partei spricht u. a. die Art, wie ihr der Gerichtsschreiber zum Beirath und zur Unterstützung verpflichtet wird: vgl. meine Vorträge über die Reichscivilprozessordnung, Bonn 1879, S. 66 ff.

fülle des Anwalts ist eine Fabel[7]). Der gesetzliche Umfang seiner Vollmacht ist praktisch schwer entbehrlich und ohne Schaden; und schwerlich hat der schriftliche Prozess der Partei in ähnlichem Maasse eine Kontrole des Anwalts ermöglicht, als das der heutige thut. Die im Termin erscheinende Partei kann ihm in der wirksamsten Weise hineinreden und thut es oft zu seinem Verdruss; sie hört den Gesammtgang der Verhandlung und bekommt, — wenn sie überhaupt urtheilsfähig ist — einen entschiedenen Eindruck davon, ob der Anwalt seine Sache gut oder schlecht führt.

Dass „dem Richter Befugnisse eingeräumt sind, welche ihn, wenn er zur Willkür neigt, zu deren Uebung ohne Kontrole in den Stand setzen", ist nicht zu leugnen. Zumal im amtsgerichtlichen Verfahren trifft das zu. Auch soll keineswegs behauptet werden, dass hier nicht Manches besserungsbedürftig sei. Aber es gilt zu konstatiren, dass das deutsche Gesetz in diesem Punkte weit hinter dem französischen Muster zurückbleibt; die sog. „Souveränität" des Gerichts ist bewusst ausgeschlossen. Auch wird man sich zu erinnern haben, dass immerhin der Anwalt, auch im amtsgerichtlichen Prozess, eine bedeutsame Kontrole des Gerichts selbst dort übt, wo das Rechtsmittel

---

[7]) Wie anders sich die Welt in den verschiedenen Geistern spiegelt, beweist zu diesem Punkt die Klage des Justizrath Bessel (Cöln) auf dem achten (Heidelberger) Anwaltstage: s. die Verhandlungen des VIII. Anwaltstages S. 9: „unsere Thätigkeit im Prozess ist so vermindert, dass wirklich wenig übrig bleibt. Was haben wir noch zu thun?"

einen genügenden Schutz nicht gewährt. Und kann überhaupt ein Gesetz den Missbrauch ausschliessen? Hat nicht je und je sich, zumal im einzelnrichterlichen Verfahren, zu ihm reichliche Gelegenheit geboten? Ich berühre damit einen Punkt, auf den noch zurückzukommen sein wird.

Besonders scharf tadelt B. das Institut des Gerichtsvollziehers, „dieses echten Sprösslings französischem Wesens"; hier sei die Partei dem Missbrauch, der Gewalt halbgebildeter Menschen preisgegeben. „Es war der grösste Fehler, Menschen mit halber Bildung selbstständig gegen Gebührenbezug mit Funktionen der Justiz zu betrauen, welche nicht minder, wie die richterliche Thätigkeit vom Standpunkte objektiven Rechts geübt werden sollen" (S. 357). Die Zustellungsgrundsätze werden zum Beleg herangezogen. — Nicht die CPO. oder das GVG., sondern die Justizverwaltung des einzelnen Staates hat dafür zu sorgen, dass die Gerichtsvollzieher die für ihr Geschäft erforderliche Bildung besitzen und ihnen zugleich die Auskömmlichkeit der Stellung gewährt ist, welche sie vor gefährlichen Versuchungen bewahrt[8]. Die Aufgaben, welche man ihnen gestellt hat, erreichen lange nicht die des französischen Huissier und erfordern keineswegs, wie B. zu meinen scheint, tiefere juristische Bildung oder gar

---

8) Der preussische Justizminister Dr. Friedberg konstatirt in seinem am 31. Januar 1882 Sr. Majestät dem Kaiser und König erstatteten Bericht über den Stand der Justizverwaltung und Rechtspflege, dass zwar die Gerichtsvollzieher nicht durchgängig solchen Versuchungen widerstanden hätten, dass aber die Hoffnung auf das Schwinden der Missstände und die gedeihliche Entwickelung dieser neuen Beamten-Kategorie begründet sei.

richterliche Schulung. Oder sollte es wirklich nöthig sein, dass, um sich für korrekte Zustellung oder Vollstreckung tüchtig zu machen, die gelehrte Bildung des Richters erworben würde? Reicht nicht hier eine praktische Vorübung im Gerichtsvollzieherdienst nebst genügender Kenntniss der einschlagenden Gesetzesbestimmungen und Instruktionen auch bei subalternen gut disciplinirten Persönlichkeiten vollkommen aus? Liegt nicht insbesondere die eigentlich juristisch erhebliche Diskretion bei der Zustellung in der Person des Auftraggebers, wogegen diese selbst wesentlich mechanischer Natur ist? Und hat denn etwa nach früherem Recht der Richter in Person die Zustellung besorgt und sich nicht vielmehr für sie des Subalternen bedient? Ueberdies ist jedem mit dem heutigen Rechtsleben Vertrauten hinlänglich bekannt, wie exakt die Zustellungsmaschinerie arbeitet, wie sicher der Postbote im Auftrag des Gerichtsvollziehers die Postzustellung vermittelt, wie selten unter den tausenden und aber tausenden von Zustellungen, die tagtäglich geschehen, Verfehlungen vorkommen? Und will nicht auch hier erst gelernt sein? — Mit dem Vorstehenden soll nicht dem Zustellungswesen der CPO. in allen Einzelnbestimmungen das Wort geredet werden. Hier liesse sich Vieles vereinfachen. Weshalb z. B. darf, um nur Eins zu nennen, der Anwalt nicht ebenso gut, wie der Gerichtsvollzieher unmittelbar die Post beauftragen? — Dass das Gerichtsvollzieherinstitut uns in Verbindung mit den Vollstreckungsgrundsätzen des Gesetzes, insbesondere der „vorläufigen Vollstreckbarkeit" und dem Parteibetrieb, einen unsagbaren

Segen gebracht hat, dafür hat B. kein Wort der Erwähnung. Ihm ist „der werthvollste Gedanke des modernen Prozesses, dass jeder Rechtsstreit, wenigstens in der Hauptsache, nur einmal durch die Instanzen zu laufen habe" (S. 425).

II.

Bährs Enquête.

Zum „eigentlichen" Gegenstand seiner Besprechung macht B. diejenigen Mängel der CPO., welche nach seiner Meinung ihren Einfluss auf die ganze Erziehung des Juristenstandes üben (S. 359) und daher zu seiner Degeneration und Demoralisation führen müssen. Sie liegen im Gesammtaufbau des Verfahrens bis zur Urtheilsfällung, in der fakultativen Natur des vorbereitenden Schriftenwechsels, dem Mangel sicherer schriftlicher Urtheilsgrundlage, in dem verwerflichen Institut des „Thatbestandes". Das Gesetz ist zu lax; es giebt der Willkür, dem Missbrauch zu vielen Spielraum. Daher mögen wohl einzelne tüchtige Richter und Anwälte sich leidlich wohl bei diesem Verfahren fühlen; aber das Schwergewicht menschlicher Unvollkommenheit, welchem volle Freiheit der Entwickelung gewährt wird, muss unaufhaltsam die Justiz mit in die Tiefe ziehen.

Diese Behauptungen stützen sich theils auf eigene Erfahrung und Deduktion aus dem Gesetz, theils auf fremde Mittheilungen. Bähr hat eine Enquête veranstaltet über folgende drei Fragen:

1. „liefern die Anwälte in zureichender Weise vorbereitende Schriftsätze an das Gericht ein, auf deren Grundlage sich eine vorbereitende Bearbeitung vor der mündlichen Verhandlung bewerkstelligen lässt?

2. wird im Gericht auf Grund solcher Schriften eine vorbereitende Bearbeitung der Sache vorgenommen? Wird ein Berichterstatter vor dem Termin ernannt? Liefert er eine schriftliche Arbeit? Nehmen die Vorbereitungsdiener an dieser vorgängigen Bearbeitung der Sache Theil? — Oder dienen die Schriften nur zur Vorbereitung des Vorsitzenden für die Leitung der mündlichen Verhandlung?

3. hat sich die mündliche Verhandlung in dem Termin wirklich voll entwickelt und wird sie mehr oder minder durch Bezugnahme auf die Schriften ersetzt?"

Ich will nicht in eine nähere Kritik der Fragestellung eingehen, obschon ich die Bemerkung nicht unterdrücken kann, dass sie mich nicht befriedigt. Die Fragen beziehen sich nur auf das kollegialgerichtliche Verfahren. Nur über dieses verbreiten sich die Antworten. Die ganze Kritik B.'s ignorirt den amtsgerichtlichen Prozess. Und doch fordert gerade er in wichtigen Punkten zu Reformgedanken heraus. Die zweite Frage zeigt, wie ich gleich nachweisen werde, dass B. Unerhebliches für wesentlich hält. Die dritte ist mir mit ihrem „wirklich voll entwickelt" im Gegensatz zur Bezugnahme auf die „Schriften" viel zu unbestimmt.

Die Antworten sind anonym und nur theilweise wörtlich mitgetheilt. Nur bei einigen hebt B. den Stand des Berichterstatters (Anwalt) und seine „hervorragende wissenschaftliche Bedeutung" oder die bedeutende Werthschätzung seines Charakters und seiner Fähigkeiten hervor. Dem Urtheil seiner Experten gegenüber hält sich B. die Kritik frei und es ist beachtenswerth, in welchem Maasse er das thut. Er verwerthet das von ihm beigebrachte Material ohne dem Urtheil der Referenten zu folgen; das Hauptgewicht fällt auf seine eigene Beweisführung. Diese seine Methode charakterisirende Bemerkung muss im Folgenden sogleich erwiesen werden.

Aus B.'s zweiter Frage und seinen diesbezüglichen Ausführungen erhellt, dass er die vorgängige „Bearbeitung" der Sache vor der mündlichen Verhandlung, die Bestellung eines Berichterstatters und Anfertigung einer schriftlichen Arbeit (Referat und Votum) für nothwendig erachtet[8a]. Nach dem Zeugniss seiner Experten wird, vom Rechtsmittelverfahren bei den Oberlandesgerichten und dem Revisionsgericht abgesehen, nur vereinzelt ein Referent zum Zwecke schriftlicher Vorarbeit bestellt. Wohl wird vielfach ein Mitglied zum Berichterstatter ernannt, dessen geborener Korreferent der Vorsitzende ist; auch cirkuliren wohl hier und da die Akten bei allen Mitgliedern: aber der Zweck ist nur das vorbereitende Aktenstudium bez. der Entwurf des Votums. Man excerpirt

---

[8a] Allerdings spricht B. an keiner Stelle bestimmt aus, wie er sich diese Vorarbeit denkt; aber nach dem Gesammtinhalt seiner Abhandlung kann ich nur annehmen, dass er ein Referat und Votum im Auge hat, vgl. besonders S. 411 ff., 415.

die Akten und erwägt die Leitung oder auch die eventuelle Entscheidung der Sache vor der Sitzung; man setzt sich und das Kollegium in die Lage, die wesentlichen Punkte der Verhandlung sogleich richtig ins Auge fassen und danach verfahren zu können. In den Gebieten des früheren französischen und bairischen Prozessrechts sieht man überhaupt von der Bestellung des Berichterstatters vor der Sitzung ab, ja vermeidet geflissentlich, die vorbereitenden Schriftstücke zu lesen.

Keiner von B.'s Experten äussert, dass das Unterlassen schriftlicher Bearbeitung vor der Verhandlung ein Missstand sei, der Abhülfe heische. B. aber behauptet es. Selbst die Cirkulation der Akten bei allen Mitgliedern genügt ihm nicht: „es ist gewiss besser, dass ein Mitglied des Gerichts sich ordentlich (d. h. schriftlich) vorbereitet, als dass alle Mitglieder ungenügend vorbereitet sind". Das Cirkuliren der Akten gewähre keine Kontrole ihres Studiums.

Ganz ähnlich stellt sich B. seinen Referenten gegenüber bei der wichtigen Frage nach der ausreichenden Feststellung der Urtheilsgrundlage. Abgesehen von den sehr allgemeinen und herben Worten seines Gewährsmannes auf S. 428 ff., ergeht sich keiner der Berichte in Tadel über die Mündlichkeit oder die Unzulänglichkeit der Thatbestände; nur Zweifel werden vereinzelt ausgesprochen[9]). Aber die Thatsachen, welche die Berichte

---

9) S. 378 sagt der Referent aus Hessen-Darmstadt: „ob dabei nicht öfters die thatsächliche Wahrheit zu kurz kommt, ist allerdings eine andere Frage: doch muss ich anerkennen, dass zur Ansetzung von Verhandlungs-Terminen zur Berichtigung des That-

bringen, geben nach B.'s Meinung in Verbindung mit seiner eigenen Kenntniss genügende Unterlage für seinen Angriff auf das Gesetz.

Ich gehe nun zur Prüfung desselben über.

III.
Das Referat und Votum.

Die Aufgabe des schriftlichen Referats und Votums ist, dem Kollegium das Selbststudium der Akten zu ersetzen und die Beleuchtung des Rechtsfalls nach seinen möglichen Seiten der Beurtheilung nebst dem eigenen begründeten Urtheilsvorschlag zu geben. Niemand wird die hohe bildende Kraft solcher Arbeit unterschätzen und auch heute noch wird sie als Bildungsmittel zu fordern sein (s. unter Anm. 36). Aber ihr eigentlicher Zweck ist mit dem Grund, der sie hervorrief, hingefallen.[10]

Das der mündlichen Verhandlung vorangehende (schriftliche) Referat ist im erstinstanzlichen kollegialgerichtlichen Verfahren [11] zwecklos, wenn nicht schädlich.

---

bestandes nur selten Veranlassung gegeben ist." Ein Anwalt aus Elsass-Lothringen schreibt freilich (S. 384): „was nun mein Urtheil über das mündliche Verfahren in seiner heutigen Gestalt anlangt, so ist dasselbe kein günstiges. Unter der Mündlichkeit leidet zweifellos die Wissenschaftlichkeit (sic) der Rechtsprechung." Aber es gründet sich diese Ansicht vorwiegend auf die freie Beweiswürdigung und vorschnelles Publiciren des Urtheils.

10) Das Referat stammt aus dem Reichskammergerichtsprozess: KGO. v. 1500 *tit.* 18. Chr. Martin, Anleitung zu dem Referiren über Rechtssachen, 2. Aufl. Göttingen 1819, S. 2 f.

11) In der Rechtsmittelinstanz ist für das Referat genügende Unterlage in den Vorakten gegeben; denn auch in der Berufungs-

Der Richter wird aus dem Munde der Parteien über ihren Streitstoff und Streitwillen aufs beste unterrichtet; hier schöpft er unmittelbar an der Quelle. Es wäre in der That unerträglich, wollte man ihm zumuthen, dass er sich des unerachtet vorher ein sehr wahrscheinlich unvollständiges Bild der bevorstehenden mündlichen Verhandlung aus dem Munde eines seiner Kollegen oder durch Studium eines von diesem auf Grund der vorbereitenden Schriftsätze verfassten Schriftstückes geben lasse. An Stelle des letzteren würde er zum mindesten besser die Schriftsätze selber lesen. Allerdings wendet man ein: vielleicht liest er sie nicht! Ich werde unten Einiges auf dieses Bedenken erwidern; jedenfalls träfe es die Kenntnissnahme des Referats gleichermaassen, wenn man dasselbe nicht mündlich vortrüge oder es nicht gelänge, die Aufmerksamkeit der Herrn Kollegen für den Vortrag zu fesseln. Und woher die Zeit nehmen, um den Terminen für die mündliche Verhandlung Sitzungen für solche Referentenvorträge voraus zu schicken? Sie würden die Sitzungstage verdoppeln. Und wie viel leeres Stroh würde in ihnen gedroschen! Keine der Sachen, welche sich durch Versäumnissurtheil oder Vergleich erledigen oder durch Circumduktion des Termins von der Tagesordnung verschwinden, bliebe dem unglücklichen

---

instanz bleibt unerachtet der Abänderungs- und Ergänzungsfähigkeit unterinstanzlichen Streitstoffs die Aufgabe die Nachprüfung des unterrichterlichen Urtheils. Dass durch die Eigenart des Rechtsmittels der Revision das Referat für die Zweckerfüllung desselben unentbehrlich ist, bedarf keiner weiteren Erörterung.

Kollegium in diesen Sitzungen *ad referendum* erspart, in denen der Berichterstatter dringend wünscht, den Inhalt seiner Vorarbeit an die übrigen Mitglieder loszuwerden. Es würde dahin kommen, dass das Gericht sehnlichst das Unterbleiben des Schriftenwechsels wünschen müsste, um nur der nutzlosen Plage des Referats zu entgehen. Was endlich soll ein Referat nützen angesichts der steten Veränderungs- und Ergänzungsmöglichkeit des Stoffes in der mündlichen Verhandlung, von welcher in höherem oder geringerem Maasse unerachtet der Schriftsätze überaus häufig Gebrauch gemacht wird?

Aber das Referat wäre nicht nur ohne Zweck, sondern geradezu schädlich. Die Juristen aus der Schule des französischen Prozesses haben eine ausgesprochene Scheu vor der Kenntnissnahme des Akteninhalts seitens des Gerichts vor der mündlichen Verhandlung. Sie fürchten davon Befangenheit, Voreingenommenheit durch vorgefasste Meinung. Die Juristen des schriftlichen Prozesses verstehen das nicht, und auch ich halte mit B. diese Furcht für grundlos. Aber hinter ihr verbirgt sich ein richtiger Gedanke. Hört der Richter vor dem mündlichen Vortrag der Parteien einen solchen des Referenten, so dürfte es ihm schwer fallen bei Verschiedenheit des einen und des andern auseinanderzuhalten, was vorgetragen und was referirt ist. Beides würde sich leicht in seinem Gedächtniss mischen. Obschon, wie ich noch zu bemerken haben werde, der Beisitzer in der Verhandlung deren Inhalt durch Notizen festzuhalten suchen muss, so bleibt er dabei immerhin auf die Unterstützung des

Gedächtnisses angewiesen, dessen Trübung sorgfältig vermieden werden muss. Von ihr kann natürlich dann nicht die Rede sein, wenn der Akteninhalt im Gericht vorliegt und zu diesem in der Verhandlung vermerkt werden kann, was nicht, was vervollständigend, was anders vorgetragen wurde. Und doch gilt es auch hier noch sehr vorsichtig zu verfahren, damit nicht Schrift- und Vortragsinhalt verwechselt werde.

Das Studiren der Akten vor der mündlichen Verhandlung hat seinen wichtigen Zweck: nur nicht den des Referats. Es soll, wie auch B. anerkennt, befähigen mit grösserer Leichtigkeit der mündlichen Verhandlung zu folgen, sich durch Aktenextrakt das andernfalls unerlässliche Selbstprotokoll (Notiren) des Vortrags ganz oder zum Theil zu ersparen, sich auf die angemessene Leitung der Verhandlung vorzubereiten und über sie Vorverständigung im Kollegium zu suchen, sich wohl auch mit dem nöthigen Rüstzeug für die eventuelle Beurtheilung des Falles zu versehen. Diese Erleichterung ist für den Vorsitzenden schwer entbehrlich, aber auch für die Beisitzer ist sie höchst erwünscht. Mit ihr — die annähernde Vollständigkeit der Schriftsätze vorausgesetzt — muss jeder nicht völlig unfähige Richter im Stande sein, der mündlichen Verhandlung zu folgen. Ob und inwieweit sie entbehrlich ist, werde ich später erörtern. Dass, wenn zu ihr durch Akteneinsicht Gelegenheit geboten wird das Mitglied diese unbenutzt lassen sollte, ist nicht anzunehmen: es sei denn, dass traditionelle verkehrte Anschauungen, wie sie im französischen Rechtsgebiet zu herrschen scheinen, davon zurückhalten. Denn das eigenste Interesse drängt dazu, sich diese Vorbereitung nicht entgehen zu lassen. Kann ihr Mangel doch nur zum Theil durch das auf die Dauer sehr ermüdende Selbstprotokoll des Richters ausgeglichen werden.

All' das rechtfertigt den im grössten Theil Deutschlands verbreiteten Gebrauch, in der letzten Woche vor der Sitzung mindestens einem Mitglied, dem zukünftigen Urtheilsverfasser, die Akten zugehen zu lassen, damit er — nicht nur der Vorsitzende, welcher gewissenhafter Weise nie ihr Studium unterlassen darf, — sich durch sorgsames Excerpt und Studium der einschlagenden Rechtsgrundsätze und des wissenschaftlichen Apparates auf die Sache vorbereiten könne. Ich kenne diese Art und Weise hinlänglich aus eigener Erfahrung, um bestätigen zu können, dass sie sich trefflich bewährt.

Ein Votum über die angemessene Leitung und eventuelle Entscheidung auf Grund zusammenfassender Darstellung des wesentlichen Schrifteninhalts vor der Sitzung — etwa gegenüber dem Vorsitzenden schriftlich oder dem Kollegium mündlich — zu erstatten, hat nur in vereinzelten Fällen einen Zweck[12]). Ist ein Versäumnissurtheil in Sicht, so kann ein ungeschicktes, rechtlich unhaltbares Petitum zur Vorbesprechung Veranlassung

---

12) Mehr scheint doch auch Schaper in seinen höchst lesenswerthen Abhandlungen über die Anleitung bez. Ausbildung der Referendare in den von Rassow und Küntzel herausgegebenen „Beiträgen zur Erläuterung des Deutschen Rechts" Bd. XXIV (3. F. Bd. IV), S. 638 ff. und Bd. XXV (3. F. Bd. V). S. 229 ff. nicht sagen zu wollen. An ersterer Stelle sagt er zwar: „wie beim

geben; ähnlich die Frage, ob etwa ein vorbereitendes
Verfahren, ob Trennung der Verhandlung über den Grund
und die Höhe des Anspruchs anzuordnen, eventuell auf
eine Vereinigung der Parteien über Norm und Erheblich-
lichkeit des Eides, oder auf einen Vergleich hinzuwirken
sei, ob überhaupt auf eine eventuelle Beweisantretung
einzugehen oder in der Sache zu entscheiden sein werde,
wie sich die Beweislast stelle u. dergl. mehr. Nur dann,
wenn das Gericht den pomphaften und höchst bedenk-
lichen Gelüsten Raum geben wollte, die Entscheidung
sogleich „vom Stuhl" zu sprechen, statt die Verkündung
auf die gesetzmässigen acht Tage auszusetzen, steht die
Sache anders. In diesem Falle wäre einer Vorberathung
mit Referat oder noch besser einer Nachberathung
unmittelbar nach der Sitzung auf Grund eindringender
Vorarbeit nicht zu entgehen. Aber dieser gefahrvolle
Weg ist schlechthin zu meiden — sofern es sich nicht
nur um Versäumnissurtheile, welche zu keinerlei Zweifel
Anlass geben oder Urtheile auf Grund CPO. § 277, 278

Reichsgericht für seine Entscheidungen eine schriftliche Vorbereitung aus den vorbereitenden Schriftsätzen" (richtiger Vorakten) „zur
Regel gemacht ist, so gebietet schon die Verwickelung der heutigen
Verkehrs-, Vertrags- und sonstigen Streitverhältnisse in zahlrei-
chen Civilprozesssachen erster Instanz eine ähnliche schriftliche
Vorbereitung." An der zweiten Stelle (S. 229) aber bemerkt er zutref-
fend: „zur häuslichen schriftlichen Vorbereitung eignen sich nur
solche Sachen, in denen bereits der Klageschriftsatz rechtliche Bedenken bietet, oder in denen sich vermöge weiterer Schriftsätze,
stattgehabter Beweisaufnahmen und sonstiger Verhandlungen sach-
liche, wie rechtliche Streitpunkte ergeben." Dabei erörtert er die
Schriftlichkeit der Vorarbeit nur für den Vorbereitungsdienst. Auf
ihn komme ich an anderer Stelle zurück.

oder um den Erlass von Beweisbeschlüsssen handelt. — Denn so lange die mündliche Verhandlung den Urtheilsstoff liefert, würde jede Vorberathung immer nur eine unsichere, eventuelle sein, zudem das besser zu vermeidende Referat erfordern. Jedes Novum in der mündlichen Verhandlung könnte die Rechtslage in der überraschendsten Weise verschieben. Dazu kommt, dass nur dann wirklich auf ein ausgereiftes und sicheres Urtheil gerechnet werden darf, wenn zum mindesten der Thatbestand genau festgestellt, womöglich auch die Gründe ausgearbeitet sind. Nur zu leicht wird eine andere Behandlung der Sache zu Urtheilen führen, deren Unhaltbarkeit das Gericht selbst zu seinem Schrecken und seiner Beschämung bei der Feststellung des Sach- und Streitstandes und der Gründe inne wird[13]. Selbst unter „dem unmittelbaren Eindruck" der mündlichen Verhandlung kann eine Thatsache in der der schriftlichen Unterlage entbehrenden Berathung entweder ganz übersehen oder trotz aller Vorberathung bei unerwarteter Verschiebung der Sachlage in ihrer rechtlichen Bedeutung vorkannt werden; und nur zu leicht werden erst nachträglich bei der Ausarbeitung Rechtsbedenken auftauchen, welche das Urtheil erschüttern. Allerdings giebt es einfache Sachen, für die das Gesagte nicht gilt. Aber das Gericht sollte niemals unter dem augenblicklichen Eindruck diese Einfachheit bejahen, sondern sich ausnahmslos zur Norm machen, über keine

---

[13] Dann bleibt nichts anderes übrig, als ehrlich in den Gründen die Partei auf die Grundlosigkeit des Urtheils und das Rechtsmittel hinzuweisen: wenn es solches noch giebt!

kontradiktorische Verhandlung sofort zu urtheilen. Dazu kommt eine weitere Erwägung. Die sofort der Verhandlung folgende Urtheilsberathung erzeugt eine wahre Kalamität für den Anwaltsstand durch die nothwendig werdende Verzögerung der folgenden Verhandlungen. Fühlt das aber das Gericht und sucht es dem abzuhelfen, dann wird es entweder zu einer überstürzten Berathung gedrängt oder es setzt dieselbe an den Schluss der Tagesordnung. In diesem Falle unterliegt es der Gefahr eines Uebersehens entscheidender Momente in erhöhtem Maasse; denn dann droht die Vermischung einer und der anderen Sache; auch macht sich die nach langer Sitzung leicht begreifliche Ermüdung und das Drängen zum Schlusse geltend. — Endlich gebe ich zu bedenken, dass ja die sofortige Publikation in kontradiktorischen Fällen den Parteien schlechterdings nichts nützt. Denn sie können mit dem Urtheil erst etwas anfangen, wenn es ausgefertigt vorliegt. Und auf die Abfassung und Ausfertigung müssen sie nach der Verkündung genau so lange warten, als wenn dieselbe ausgesetzt wird. — Es scheint denn auch, dass diese Erkenntniss sich mehr und mehr in Deutschland die Bahn bricht und man sich gewöhnt, durchgängig in kontradiktorischen Fällen von der Freiheit der CPO. § 281 Gebrauch zu machen.

Ist dem so, dann bleiben für die Urtheilsberathung verschiedene Wege offen. Es erscheint jetzt unbedenklich, nach der Sitzung sofort in eine Berathung und Beschlussfassung einzutreten, welche als eine provisorische für den Urtheilsentwurf die Weisung giebt. Man wird sich mit ihr begnügen nur, wenn ernste Zweifel nicht auftauchen; das Provisorische aber liegt darin, dass die Verkündung nicht erfolgt ist und daher eine Aenderung des Beschlusses vorbehalten bleiben muss, wenn bei der Ausarbeitung des Thatbestandes und der Gründe oder ihrer Prüfung neue Bedenken entstehen. Damit aber ihnen Gelegenheit und Raum gegeben werde, sollte die Publikation so lange ausgesetzt werden, bis der Urtheilsentwurf fix und fertig vorliegt oder doch soweit durchdacht ist, dass keinerlei Uebersehen zu befürchten ist. Das kann eine Ueberschreitung der wöchentlichen Urtheilsfrist das § 281 nothwendig machen. Die erstinstanzlichen Gerichte entschliessen sich dazu nicht gern; das Reichsgericht ist darin freier: es kommt vor, dass es auf mehrere Wochen die Urtheilspublikation hinaussetzt. Und es ist dringend zu wünschen, dass die Untergerichte, freilich in strengster Gewissenhaftigkeit, lieber diesem Beispiel folgen, als ungenügend durchdachte Urtheile verkünden.

Immerhin bleibt auf diesem Weg ein „Erdenrest zu tragen peinlich": nämlich der Umstand, dass wenn nicht neue Bedenken zu erneuter Berathung zwingen, das Urtheil auf Grund der unmittelbar nach der Sitzung stattgefundenen ausgearbeitet wird und nur durch Cirkulation zur Prüfung der übrigen Richter gelangt. Damit aber ist eine volle Sicherheit korrekter Feststellung des Thatbestandes nicht gegeben. Auch dann, wenn derselbe wirklich mit Bedacht und unter Herbeiziehung aller Hülfsmittel gelesen würde, könnte leichter etwas übersehen werden, als wenn er in besonderer Sitzung (Thatbestandssitzung) vorgetragen und nachgeprüft wird. Nur so wird der Austausch der Erinnerungen und Notizen jede Unsicherheit beseitigen — und zugleich die Garantie bieten, dass das Urtheil nicht ohne sorgsame Kontrole der Kollegen unterzeichnet wird. Freilich kann das zeitraubend und ermüdend sein, wenn es sich um umfangreiche Thatbestände handelt; andererseits wird sich das auch bei solchen verhältnissmässig leicht erledigen, wenn ausreichende und gut gefasste Schriftsätze bei den Akten sind, auf welche sich das Gericht beziehen kann oder doch der Vortrag in zusammenfassender Weise auf diejenigen Punkte zugespitzt wird, in welchen Zweifel über Thatbestandsmomente denkbar sind. Aber wie dem auch sei: die Sache fordert diese Mühe. Daher sollte jedes Kollegium feste Berathungstage haben und seine Arbeitslast so bemessen sein, dass zu ihnen ausreichende Zeit bleibt.

IV.

Die vorbereitenden Schriftsätze als Informationsmittel.

Die vorbereitenden Schriftsätze dienen zur wechselseitigen Information der Parteien und des Gerichts, zur Stütze der Erinnerung des Gerichts über den Inhalt der mündlichen Verhandlung und zu dessen Beurkundung. In letzteren beiden Richtungen kommen sie zugleich mit dem Thatbestand im folgenden Abschnitt zur Besprechung.

Ueber die Wichtigkeit der vorbereitenden Schriftsätze als Informationsmittel kann bei einiger Ueberlegung kein Streit sein. Freilich scheint in der Praxis über sie, sofern es sich um die Vorbereitung des Richters handelt, keineswegs Einmüthigkeit zu herrschen. Die Juristen französischer Provenienz wollen, wie schon berührt, nichts davon wissen, dass der Richter vor der Sitzung Akten lese, damit er desto unbefangener bleibe[14]). Daher nimmt selbstverständlich das Gericht an dem vorbereitenden Schriftenwechsel kein eigenes Interesse; sind also die Anwälte in der Lage, zu plädiren, so wird in die Verhandlung eingetreten. Wie es dann nachträglich mit der Erinnerung und Beurkundung steht, ist eine andere Frage.

Offenbar entspricht dieses Herkommen nicht dem Gesetz. Die CPO. will die Hinterlegung der Schriftsätze auf der Gerichtsschreiberei (§ 124) nicht, damit dieselben dort unbeachtet ruhen. Durch ihre Gestattung, auf die Schriftsätze im Thatbestand Bezug zu nehmen, und durch das Recht der Parteien wesentliche Abweichungen von ihnen durch Recess zu beurkunden (§ 270), zeigt sie deutlich, dass sie ein vorgängiges Studium der Schriftsätze seitens des Gerichts nicht nur nicht als Grund der Befangenheit ansieht — welche folgerichtig zur Ablehnung wegen Befangenheit berechtigen müsste — sondern geradezu dieses Studium fordert. Nun giebt es freilich keinen Zwang gegen den widerspenstigen Richter; aber

---

[14]) Vgl. Bähr, S. 383, 385, 401 ff. Vgl. auch die Aeusserung des Justizraths Bessel (Cöln) in den Verhandl. d. achten Anwaltstags S. 10.

daraus folgt hier noch weniger sein freies Belieben, als solches dann anzunehmen wäre, wenn das Gesetz sein Ermessen hätte entscheiden lassen wollen. Es gilt auch hier das Wort: wer nicht für mich ist, der ist wider mich; der Richter, welcher nicht im Geiste des Gesetzes arbeitet, der untergräbt dasselbe. Auf seinen Eid hin ist er gebunden, streng gewissenhaft im Geiste des Gesetzes zu arbeiten. Es ist nicht zu zweifeln, dass es allgemach dem ganzen deutschen Richterstand gelingen werde, sich diesen Geist zu eigen zu machen.

Aber wenn nun zur Zeit ein Gericht die Information durch die Schriftsätze nicht sucht und ohne solche verhandelt, so steht es praktisch nicht anders, als wenn die Anwälte keine Schriften einreichen, aber verhandlungsbereit sind, mögen sie nun solche im französischen Styl nur unter sich gewechselt oder auch dieses unterlassen haben. Die CPO. erkennt die rechtliche Möglichkeit eines solchen Verfahrens vor dem nicht vorbereiteten Gericht an, wennschon sie zugleich letzterem zweifellos das Recht giebt, im Interesse seiner eigenen Information einen Druck auf die dem § 124 Abs. 1 nicht nachkommenden Parteien auszuüben. Das Gericht kann wegen Mangels der Schriftsätze von Amtswegen vertagen (CPO. § 206) und es wird bezeugt, dass von diesem Recht aus dem angegebenen Grunde reichlich Gebrauch gemacht wird. Allerdings liegt — wo das geschieht — die Sache regelmässig so, dass Schriftsätze dem Gerichte nur dann fehlen, wenn sie überhaupt nicht gewechselt sind, also auch auf einen erspriesslichen Fortgang und

Abschluss der mündlichen Verhandlung wegen mangelnder Vorbereitung der Anwälte nicht zu rechnen ist. Aber es kann auch kommen — und ich habe das oft erlebt —, dass der späte Eingang des Schriftsatzes bei Gericht dieses nicht mehr hat zu seiner Lektüre gelangen lassen, während der Gegner auf seinen Inhalt zu antworten sich in der Lage befindet. In solchem Fall wäre eine Vertagung von Amtswegen, wegen noch nicht thunlich gewesener Vorbereitung des Gerichtshofs entschieden zu verwerfen.

Das Gericht kann unter Umständen durch noch andere und einschneidendere Maassregeln auf seine Information hinwirken: ich meine die Kostenstrafe des GVG. § 48 in Verbindung mit CPO. § 97 (s. unten Anm. 15).

Aber das Gericht darf überhaupt unvorbereitet verhandeln und dass es das sicherlich nicht selten ohne wesentliche Benachtheiligung der Sache vermag, wenn die Anwälte dieselbe beherrschen, das beweist sowohl das amtsgerichtliche Verfahren, wie die Prozedur der französischen Gerichte. Es wird eben auf die Beschaffenheit der Sache und die Fähigkeit der Anwälte, sie klar und gewandt zum Vortrag zu bringen, und die Möglichkeit der Fixirung des Vortragsinhalts ohne schriftliche Unterlage wesentlich ankommen. Doch kann ich diesen Punkt vorerst nicht weiter verfolgen; er hängt innig mit der Beurkundungsfrage zusammen.

Von unbestreitbarer Wichtigkeit für das Gedeihen der Sache ist die wechselseitige Information der Anwälte für die kontradiktorische Verhandlung durch den

Wechsel der Schriftsätze. Denn nur durch ihn können Vertagungen wegen Mangels der Vorbereitung vermieden und die Koncentration der mündlichen Verhandlung erreicht werden.

Es wird von mehreren Seiten bestätigt, dass in diesem Stücke der Rechtsgang noch immer viel zu wünschen übrig lässt. B.'s Enquête ergab, dass bei weitem im grössten Theil Deutschlands ausreichende Schriftsätze gewechselt werden. Zugleich freilich wird geklagt über ihre gelegentliche Verspätung und die damit zusammenhängende Verschleppung des Prozesses. Ausreichend sind sie jedenfalls, wenn sie den ungehemmten Fortgang der Verhandlung ermöglichen und zugleich dem Gericht die erforderlichen Unterlagen für das Festhalten des Verhandlungsinhalts bieten. Das ist relativ und beweglich. Dass manches geändert, ergänzt wird, vereitelt noch keineswegs den Zweck der Schriftsätze. — Es wird aber auch mitgetheilt, dass in einzelnen Theilen Deutschlands — besonders Baiern, Elsass-Lothringen, auch im Bezirk des Oberlandesgerichts Hessen-Nassau — Schriftsätze entweder überhaupt nicht oder mit einer systematischen Lässigkeit geliefert werden.

Nach den Erfahrungen, welche ich zu machen Gelegenheit hatte, gestaltet sich bei allgemeiner Bereitwilligkeit der Anwälte zum prompten Schriftenwechsel und angemessener Einwirkung des Gerichts nach dieser Seite die Sache zwar immer noch individuell verschieden, aber keineswegs unbefriedigend. Der von B. betonte Umstand, dass mitunter die Partei den Anwalt zu spät angeht oder instruirt, führt hier und da zur Vertagung; auch mag der Anwalt es mitunter an sich fehlen lassen. Im allgemeinen jedoch wird dem Gesetz entsprochen und die bedauerliche Verschleppung wegen mangelnder Information des Anwalts vermieden. Das Gericht kann hier einen bedeutenden moralischen und rechtlichen Druck ausüben und ist keineswegs hülflos, wie die Berichterstatter B.s aus Hessen - Nassau S. 376 ff. und Elsass - Lothringen S. 379 ff., 383 ff. zu glauben scheinen. Schon die öffentliche Reprimande, welche dem pflichtvergessenen, lässigen Anwalt durch die einfache Konstatirung seines verzögerlichen Verhaltens zu theil werden kann, wird ihren Eindruck nicht verfehlen. Wo aber das nicht hilft, muss das Gericht zur Kostenstrafe des Gerichtskostengesetzes § 48 und der CPO. § 97 greifen und dem Anwalt, welcher durch sein „grobes Verschulden" die Vertagung veranlasst hat, eine Gebühr voll oder zum Theil auferlegen[15]). Das „grobe Verschulden" wird unschwer festgestellt, wenn dem

---

15) Allerdings hat das Dresdener OLG. Annalen Bd. V, S. 60 ff. in einem Beschluss seines I. CS. vom 12. April 1883 dem Gesetze die Auslegung gegeben, dass die Gebühr des § 48 nur der Partei auferlegt werden könne. Der § 48 entscheidet den Punkt ebensowenig wie der des GKG. § 94 Nr. 3, auf welchen sich das OLG. bezieht. Wenn es sagt „insbesondere ist wegen Ahndung von Verschuldungen der Letzteren in § 97 der CPO. und § 180 des GVG. das Erforderliche vorgesehen", so verkennt es, dass § 97 auch die Gebühren umfasst, welche nach § 48 des GVG. entstehen. Denn das dort gebrauchte Wort „Kosten" ist allgemein und deckt die „Gebühr"; sie gehört unzweifelhaft zu den die Partei treffenden Gerichtskosten, wenn sie dieser auferlegt wird. Nun wird sie nach § 97 dem sie grob verschuldenden Anwalt auferlegt.

Anwalt genügende Entschuldigungsgründe wegen verspäteter oder gänzlich unterbliebener Zustellung des Schriftsatzes nicht zur Verfügung stehen. Ist es aber nicht ersichtlich, so wird es auch heilsam sein die Partei zu strafen [16]); denn diese wird, wenn sie schuldlos ist, aus dem Beschlusse des Gerichts für den Anwalt höchst empfindliche Schlüsse ziehen. Ich bezeuge, dass die Civilkammer, welcher ich angehöre, wiederholt und mit gutem Erfolg den § 48 angewendet hat. — Endlich darf nicht übersehen werden, dass CPO. § 245 Abs. 2 wenigstens die Handhabe bietet, durch Fristensetzung weiteren Verschleppungen entgegenzuwirken.

Dass freilich nicht alle Gerichte von den ihnen durch ihre Stellung und das Gesetz gebotenen Pressionsmitteln einen angemessenen Gebrauch zu machen wissen, bestätigt u. a. die Auslassung des Berichterstatters aus Hessen-Nassau (S. 377). Er sagt „es habe bei dem Landgericht, von welchem er spricht, an Aufforderungen und Hinweisungen der Anwälte auf ihre Pflicht nicht gefehlt, aber es bestehe nun einmal die Neigung, alles dem mündlichen Vortrage zu überlassen". Berichtet dieser Gewährsmann richtig [17]), so fehlt freilich den Vorsitzenden und

---

[16] Ueber diese Anwendung des § 48 s. Beschluss des Dresdener OLG. I. CS. vom 12. Mai 1880 in den Annalen Bd. I, S.455 ff.

[17] Dieser Bericht ist mit sorgsamer Kritik zu lesen. Nach ihm müssten die Anwälte bei jenem Landgericht wunderliche Käuze sein. Vorbereitende Schriftsätze lieben sie nicht, gegen eine der mündlichen Verhandlung vorangehende gründliche Instruktion und wechselseitige Information haben sie eine besondere Abneigung — sie haben eben die Neigung, alles dem mündlichen Vortrag zu über-

den Anwälten, welche er im Auge hat, noch vieles von
dem, was zu ihrer Aufgabe unerlässlich ist. Dort nämlich
soll sich an Stelle des Schriftenwechsels das Instruiren
der Anwälte während des Termins unter Duldung des
Gerichts vollziehen: „hinter den Schranken stehen die
Parteien und kommuniciren mit Blicken, Geberden und
geflüsterten Worten mit ihren Anwälten, die bei den fort-
während vorkommenden neuen Behauptungen mit ihren
Klienten erst flüchtige Rücksprache nehmen". Die einzige
Nothwehr des Gerichts ist, dass „dann häufig die Verhandlung abgebrochen und den Parteien die Beibringung vor-
bereitender Schriftsätze geradezu aufgegeben werden
muss". — In der That lässt sich ein Verkehr des Anwalts mit der Partei im Termin nicht völlig ausschliessen,
ja er ist hier und da sehr wünschenswerth. Aber

lassen —, aber sie besitzen eine „ungemeine Vorliebe für kommis-
sarische Verhandlung, auf welche, wo es nur irgend angeht, Anträge gerichtet werden. Es fällt dann die ganze Ermittelung des
eigentlichen Sachverhalts auf den Kommissar". Unter solchem Verfahren kann nur das der CPO. § 313 ff. verstanden werden, diese
— ihrer gelegentlichen Unentbehrlichkeit unerachtet — allen ver-
ständigen Anwälten von allen Prozeduren widerwärtigste, weil zeit-
raubendste und kaptiöseste. — Unser Herr Referent bezeugt weiter,
dass die landgerichtlichen Akten durch einen „Wust der Zustellungsurkunden aufschwellen, welcher den Gebrauch derselben sehr er-
schwert". Diese Bemerkung ist völlig unverständlich. Woher
haben die Gerichte dort diese massenhaften Zustellungsurkunden,
da doch diejenigen, welche aus Parteibetrieb erwachsen — und das
sind, von amtlichen Zeugen-Ladungen, Zustellungen in Armenrechts-
fragen und dergl. abgesehen, die bei weitem häufigsten — gar
nicht zu den Gerichtsakten kommen? Und welch ein Kopf muss
das sein, dem die Zustellungsurkunden den Gebrauch der Akten
„erschweren"!

„est modus in rebus". Das geschilderte Unwesen ist schlechterdings nicht zu dulden. Zu welchem Zweck hat der Vorsitzende die prozessleitende Gewalt und Sitzungspolizei? Der erschienene Anwalt soll verhandeln, sich nicht erst instruiren lassen; die Partei darf nach § 128 Abs. 4 sprechen, aber nicht die Verhandlung durch ihr Dazwischenreden stören. Wenn der Anwaltsstand für das Kompromittirende der geschilderten Situation keine Empfindung besitzt, so soll das Gericht seine Gewalt gebrauchen, um nicht selbst verwerflich zu werden.

Eigenthümlich und interessant ist das Bild, welches uns B.'s Referenten S. 380, 382 ff. von dem elsasslothringischen Verfahren entwerfen. Es ist ein Zerrbild des Verfahrens der CPO., aber ein zum Theil entschuldigtes, weil es offenbar einem in gewisser Beziehung berechtigten, durch das Gesetz unbefriedigt gelassenen Bedürfniss abzuhelfen sucht. — Der Verhandlungstermin wird in jeder neuen Sache möglichst nicht später als einen Monat hinaus anberaumt, damit die Sache schnell erledigt werden könne. Es entsteht dadurch eine Anhäufung von 50—60 oder doch 30—40 Sachen auf einen Termin. Selbstverständlich können sie nicht alle verhandelt werden, also waltet auch bei der Terminsbestimmung nicht die Absicht, sie sämmtlich zu verhandeln. Der grösste Theil der angesetzten Sachen stellt sich als nicht verhandlungsbereit heraus: der Beklagte hat keinen Schriftsatz eingegeben, erklärt aber einen zustellen zu wollen. Jetzt neuer Termin auf acht Tage oder doch nur einige Wochen hinaus. Hier die gleiche Erscheinung: der

Kläger wünscht auf die eben empfangene Klagbeantwortung schriftlich zu repliciren, aber er ist noch nicht instruirt; abermals gleiche Vertagung mit vielleicht gleichem Erfolg[18]). „Die Schriftsätze werden in der Regel erst in dem betreffenden Termine oder kurz vorher dem Gerichte mitgetheilt. Das Gericht setzt geduldig Termin auf Termin an; es ist nicht in der Lage, bestimmend einzugreifen." — Natürlich nicht; denn es hat ja selbst diesen Gang des Verfahrens verschuldet. Gesetzt, dass die Einlassungsfrist bei der kurzen ersten Terminsanberaumung wirklich gewahrt bleibt, so liegt doch auf der Hand, dass der Anwaltsstand angesichts der offenbaren Absicht, an diesem Termine nicht zu verhandeln, keinen fruchtlosen Eifer entwickeln wird, die Schriftsätze erschöpfend zu wechseln. Und wenn dann die weiteren Termine in so kurzen, etwa nur wöchentlichen Zwischenräumen angesetzt werden, so versteht es sich wiederum von selbst, dass ein jeder von ihnen höchstens für die Fertigung und Zustellung eines Schriftsatzes hinreicht. Ueber die sich so vernothwendigenden Vertagungen hat also das Gericht sich nicht zu beklagen. Dass das Alles wider die eigentliche Intention der Processordnung ist, liegt auf der Hand. Aber, wie schon angedeutet, trägt das Gesetz einen Uebelstand in sich, der zu solchen Abwegen verlockt: — ganz

---

18) Völlig unverständlich ist mir der folgende Passus der Schilderung S. 380: „in den im weiteren Verlauf anstehenden neuen Terminen wiederholt sich das Nämliche, allenfalls mit der Modifikation, dass ein richterliches vorbereitendes Verfahren oder die Ernennung von Sachverständigen (sic) beantragt wird." Und das ohne Eintritt in die Verhandlung zur Sache?

abgesehen davon, dass wir in ihm noch eine herkömmliche Nachwirkung des den Richtern im Blute liegenden Rollenwesens zu sehen haben.

Die CPO. birgt den Keim der Verschleppung der Prozesse insofern in sich, als sie die Einlassungsfrist — abgesehen von besonderen Verkürzungsbeschlüssen — fix und nach dem Zweck des erschöpfenden Schriftenwechsels bemisst und die Terminsanberaumung in einen Moment verlegt, in welchem noch keine Klarheit darüber herrschen kann, ob überhaupt diese Sache dieses Zeitaufwandes bedürfen wird. Jeder Termin wird also anberaumt im Hinblick auf das möglicherweise eintretende Kontradiktorium, und es werden gewissenhafter Weise nicht mehr Sachen auf einen Terminstag angesetzt, als erfahrungsmässig voraussichtlich erledigt werden können. Da aber die ganze Vorausberechnung in der Luft schwebt, so erweist sie sich sehr häufig als eitel und es ergeben sich folgende drückende Uebelstände:

1. die s. g. Versäumnisssachen werden nutzlos verzögert — denn sie kommen zum Versäumnissurtheil nicht an dem ersten bei einem vielbeschäftigten Gericht weit hinausrückenden Verhandlungstermin;

2. das Gericht hat häufig todte Zeit — denn am Terminstag, welcher vielleicht eine Tagesordnung von 10—14 Sachen hat, erledigt sich ein Theil durch Versäumnissurtheil, ein Theil durch Circumduction des Termins — die Anwälte erscheinen nicht oder verhandeln nicht —, ein Theil vielleicht durch Vergleich: es bleiben etwa zwei oder drei Sachen übrig, welche an

und für sich durchaus nicht geeignet sind, den Sitzungstag auszufüllen. Noch übler gestaltet sich das, wenn das Gericht die Sachen auf verschiedene bestimmte Terminsstunden ansetzt: denn dann fallen möglicherweise die ersten aus und das Gericht bleibt müssig beisammen bis zur nächsten Terminsstunde, vertreibt sich die Zeit mit mehr oder weniger anregender Konversation, wenn es nicht in der glücklichen Lage ist, eine Berathung erledigen zu können, und erlebt endlich die Fatalität, dass die letzte Sache sich zu übermässiger Länge ausspinnt.

3. alle Sachen erleiden eine bedauerliche Verzögerung, — denn die angegebene Art der Terminsanberaumungen muss es mit sich bringen, dass sich ein schwerfälliger und weithin gezogener *ordo iudiciorum* entwickelt.

Diese Uebelstände, das darf kühnlich versichert werden, wiegen viel schwerer als die etwaigen Vertagungen, welche gelegentlich wegen ungenügender Information der Anwälte nothwendig werden. Ich sehe in der geschilderten Prozedur der Gerichte des französischen Gebiets einen Versuch, hier zu helfen, ohne geradezu mit dem Gesetz in Widerspruch zu treten. Obschon gewiss beachtenswerth, befriedigt er nicht und hat, wie schon angedeutet, mancherlei andere Schäden im Gefolge. Befriedigend und mit dem System der CPO. im Einklang wäre m. E. eine Aenderung des Gesetzes, welche unter Beseitigung der Einlassungsfrist für den ersten auf die Klage anzusetzenden Termin nur eine vielleicht auf vierzehn Tage zu bemessende und zur Anwaltsbestellung (und Rücksprache mit dem Anwalt) bestimmte Ladungsfrist setzte, jenen Termin aber allein dazu dienen liesse: 1. die Versäumnisssachen zu erledigen, 2. Vergleichsverhandlungen zu pflegen und 3. für die übrigen nach „Erklärung" des beklagten Anwalts kontradiktorisch werdenden Sachen den Verhandlungstermin so zu fixiren, dass die Inducien ausreichende Zeit zum Wechsel der Schriftsätze gewähren. Im ersten Termin — man könnte ihn nicht unpassend Einlassungstermin nennen — würde danach der erscheinende beklagte Anwalt das Recht auf Vertagung haben. Sollte der Termin circumducirt werden, so bedürfte es neuer Ladung mit normaler Ladungsfrist und dem Zwecke des Einlassungstermins. Ob in diesem ersten Termin etwa auch Verweisungsanträge, prozesshindernde Einreden unter Verweigerung der mündlichen Verhandlung und Anträge auf Anordnung vorbereitenden Protokollverfahrens zu hören seien, bez. letzteres von Amtswegen zu verfügen sei, könnte dem Ermessen des Gerichts anheimgestellt werden. Ein solches Verfahren würde zur schnellsten Erledigung der Versäumnissfälle führen und unerachtet der Vertagung schon um deswillen die kontradiktorischen Sachen beschleunigen, weil ihnen der Platz an den Terminstagen nicht durch die ersteren benommen würde. Ueberdies würde dadurch der allgemach unerträgliche Uebelstand des *Tempus vacuum* an den Gerichtstagen möglichst vermieden, ohne doch den vorbereitenden Schriftenwechsel zu beengen[19]).

---

[19]) Auf andere Weise denkt den erörterten Uebelständen ab-

Aber wie dem auch sei, jedenfalls ist anzuerkennen, dass auch bei dem heutigen Verfahren die gekannten Uebelstände vitale Interessen der Rechtspflege nicht berühren. Der Gang des Prozesses ist im allgemeinen doch ein ungleich schnellerer, als unter der Herrschaft der Schrift. Die Klage der Elsass-Lothringer über Verschleppung (S. 383) liesse sich erst beurtheilen, wenn man eine genaue Statistik darüber besässe, wie lange vormals die Sachen in den Anwaltsbureaux zu schlummern pflegten, bevor sie zur Verhandlung gebracht wurden [20]).

V.
Die vorbereitenden Schriftsätze und der Thatbestand als Beurkundungsmittel.

Das mündliche Verfahren ist haltbar nur, wenn es die Sicherheit bietet, dass das urtheilende Gericht bei gewissenhafter Pflichterfüllung den Inhalt der mündlichen Verhandlung im Augenblick der Entscheidung gegenwärtig habe und diese Urtheilsgrundlage auch für die Zukunft, besonders für die höhere Instanz richtig oder doch ohne Benachtheiligung der Partei festgestellt werde. Der Hauptangriff B.'s gegen die CPO. richtet sich auf diesen Punkt. In ihm soll das Gesetz die erforderlichen Garantieen vermissen lassen und dadurch vor allem die Schädigung der Rechtspflege verschulden; denn erschöpfende vorbereitende

---

zuhelfen eine Ausführung in der Juristischen Wochenschrift XI. Jahrgang 1882, Nr. 15, S. 113 ff.

20) Vgl. Leonhardt, zur Reform des Civilprocesses in Deutschland, Hannover 1865, S. 138 ff.

Schriftsätze sind nicht obligatorisch, und der „Thatbestand" verbürgt die Wahrheit seines Inhalts nicht[21]). Daher hält B. diesen Process in seinem Fundament für verfehlt.

Niemand wird verkennen, dass das mündliche Verfahren in jeder Gestalt — wenn es nur festhält an dem Gedanken, dass Akteninhalt und Urtheilsgrundlage sich nicht decken und diese wesentlich durch den Vortrag der Parteien in den Prozess eingeführt werden soll — eine gewisse Unsicherheit und Gefahr: die der Irrung in der Urtheilsgrundlage in viel höherem Maasse mit sich bringt, als der schriftliche Prozess. Auch in ihm kann sich der Richter über den Prozessstoff irren; aber die Aktenwidrigkeit ist für alle Zeiten erkennbar, die Urtheilsgrundlage unverlierbar in den Akten. Darüber hat man sich denn auch vor der Entstehung der CPO. keinerlei Illusionen hingegeben. Keiner der von B. in diesem Punkte jetzt ausgesprochenen Gedanken ist neu und unerwogen geblieben. Aber man glaubte dennoch die erwähnte Gefahr um des ihr gegenüberstehenden und sie weit überragenden Gewinnes willen, den man von der s. g. Mündlichkeit erhoffte, in den Kauf nehmen zu sollen. Schliesslich ist alles Menschenwerk, also auch alles Gesetzeswerk und alle seine Handhabung nur Stückwerk, und die Weisheit des Gesetzgebers sucht lavirend den Weg, auf welchem man dem Ideal am nächsten kommt.

---

21) Aehnliches sprach B. bereits 1871 in seiner oben Anmerkung 3) ang. Schrift „das Rechtsmittel zweiter Instanz" S. 36 ff. aus, und ward mehrseitig gegen die Reformbestrebungen geltend gemacht, deren Abschluss die CPO. bildet.

B.'s Enquête unterstützt die Schärfe seines Vorwurfs nicht; denn man begegnet — wie bereits oben S. 16 festgestellt werden musste — im fraglichen Punkt keiner ernsten Klage. Doch ist das kein Beweis. Wir dürfen nicht darüber zweifeln, dass — selbst vom amtsgerichtlichen Prozess abgesehen — Verfehlungen in der Urtheilsfeststellung vorkommen[22]). Es fragt sich nur, wie häufig sie vorkommen und ob das Gesetz die richtigen — vielleicht nur nicht genügend angewendeten Gegenmittel bietet.

Nach der CPO. soll die Feststellung der Urtheilsgrundlage durch den „Thatbestand" (CPO. § 284 Abs. 3) erfolgen, sofern sie nicht bereits im Sitzungsprotokoll niedergelegt ist. Letzteres entkräftet den Thatbestand. In diesem ist die Bezugnahme auf Schriftsätze zugelassen. — Der Gedanke des Gesetzes ist also, dass der Inhalt der mündlichen Verhandlung die Urtheilsgrundlage bildet, dass das Gericht diesen Inhalt selbst und unwiderleglich beurkundet, sofern er nicht im Protokoll enthalten ist, dass die Schriftsätze an und für sich nichts über den Inhalt der mündlichen Verhandlung bezeugen, aber im Thatbestand zur Beurkundung verwerthet werden können, wenn ihr Inhalt mit dem mündlichen Vortrag übereinstimmt. — Vom sog. Mündlichkeitsprincip aus ist diese Struktur unangreifbar. Die vorbereitenden Schriftsätze können unmöglich ein Zeugniss sein über das, was im

---

[22]) Ich verweise — wenn hier überhaupt ein Beleg erforderlich wäre — auf die wiederholt ang. Verhandlungen des achten Anwaltstages.

Termine vorgetragen wird; einer gesetzlich präsumtiven Uebereinstimmung des Schriftinhalts und der mündlichen Verhandlung[23]) lässt sich das Wort nicht reden. Denn 1. würde sie zu einem Ablesen der Schriftsätze führen — da das Gericht selbstverständlich Sorge zu tragen hätte, dass das Vermuthete nicht mit dem Thatsächlichen in Widerspruch trete; 2. würde, falls es an solcher Uebereinstimmung mangelte, eine genaue protokollarische Feststellung der Differenz unumgänglich sein — denn doch nur durch das Sitzungsprotokoll liesse sich jene Präsumtion entkräften. Beides wäre der Tod der mündlichen Verhandlung. Wollte man aber nur die erste und nicht die zweite Konsequenz oder gar keine von beiden ziehen, so wäre die „präsumtive" Beweiskraft für die Wahrheit der Urtheilsgrundlage sicherlich gefährlicher, als der jetzige Zustand.

Es ist rationell, dass das wahrnehmende Gericht den Streitstoff durch Gerichtszeugniss beurkundet, soweit er nicht protokollirt wird. Die Beurkundung durch den An-

---

23) Welche auf dem achten Anwaltstage von RA. Dr. May (Hamburg) in Vorschlag gebracht wurde (a. a. O. S. 11) und für welche auch B. S. 388 Sympathie zeigt: „haben die Parteien in Schriften gehandelt und handeln sie dann mündlich, so wäre es sicherlich das natürlichste, anzunehmen, sie haben im Zweifel mündlich dasselbe dem Richter vortragen wollen und vorgetragen, was auch die Schriften enthielten, wenn auch in etwas abweichender Form und vielleicht mit manchen Verbesserungen. Denn was für ein Interesse könnten die Parteien haben, in die Schriften etwas ganz anderes hineinzusetzen, als was sie demnächst mündlich verhandeln wollen? Da sagt nun das Gesetz: „„Nein! Die Schriften gelten ganz und gar Nichts. Nur dasjenige gilt, was mündlich verhandelt ist."""

walt, sog. Qualitäten, welche zum Urtheil überreicht werden, ist schlechthin widersinnig[24]). Folgerichtig wird man einen Gegenbeweis gegen das Gerichtszeugniss vor den bezeugenden Richtern nicht zulassen können, wenn schon dem Versuch, ihre Erinnerung zu wecken bez. sie zu überzeugen von ihrem Irrthum stattzugeben ist. Daher erscheint die Einrichtung des Thatbestandes und der Thatbestandsberichtigung in der CPO. principiell gerechtfertigt und was B. gegen sie grundsätzlich einwendet, nicht begründet. Er sagt: „ist denn nun aber dieser Thatbestand wirklich das mündlich Verhandelte? Offenbar ist es nur dasjenige, was der Richter von der mündlichen Verhandlung im Kopfe behalten hat. Dass der vom Richter aufgestellte Thatbestand die leibhaftige mündliche Verhandlung wirklich wiedergäbe, ist ja eine gänzlich unhaltbare Fiktion. Der Richter besitzt in seinem Kopf keinen photographischen Apparat, der die flüchtig vorbereitenden Worte in mündlicher Verhandlung auffinge und naturgetreu auf das Papier würfe. Der Thatbestand des Richters bleibt stets ein künstlich zurecht gemachtes Ding, wobei es dem Richter freisteht, ob er die Schriften der Parteien oder seine Erinnerungen d. h. seine mehr oder minder subjektive Auffassung der Sache zur Grundlage nehmen will." ·

Aber offensichtlich besteht ein praktisch und begrifflich wesentlicher Gegensatz zwischen dem objektiv

---

[24] Zur Beurtheilung derselben genüge es zu verweisen auf Dernburg, Abhandlungen aus dem Gebiete des gemeinen und französischen Civil- und Prozessrechts. Frankfurt a. M. 1849, S. 331; Schlink, Commentar über die französische Civilprocessordnung. 2. Aufl. 1856, Bd. I, S. 530 ff. (abgedruckt bei B. S. 418 f.).

existenten Inhalt der mündlichen Verhandlung und dem subjektiv durch das Gericht wahrgenommenen nicht. Prozessstoff, Urtheilsgrundlage für dieses kann nur sein, was es wahrgenommen hat; und nur das soll das Gericht im Thatbestand bekunden. Dazu bedarf es jenes „photographischen" Gehirnreflektors nicht; auch die nicht wortgetreue Wiedergabe kann eine vollkommen wahrheitsgetreue sein. Man gedenke der Zeugenprotokolle.

Es kommt also praktisch alles darauf an, ob es Hilfsmittel giebt, um das Wahrgenommene für die Abfassung des Thatbestandes genügend treu und fest zu bewahren? Ich trage kein Bedenken, diese Frage für das kollegialgerichtliche Verfahren zu bejahen. Das Gedächtniss vermag, wie männiglich bekannt, den Prozessstoff nicht bis zum Moment der Thatbestandsfeststellung auf Grund der mündlichen Verhandlung festzuhalten. Aber der Richter ist auch nicht auf seine Gedächtnisskraft allein angewiesen und wird sich auf dieselbe gewissenhafter Weise nicht verlassen. Verfügt er über ausreichende sich mit dem Inhalt der mündlichen Verhandlung deckende Schriftsätze, so hat er in ihnen den erforderlichen schriftlichen Anhalt, welcher gleichwerthig ist einem sorgsamen Protokoll. Die Uebereinstimmung der Schriftsätze und des Vortrags ist unschwer zu überwachen. Fehlt es an solchen oder reichen sie nicht aus, so muss die eigene Notiz nachhelfen. Und mit ihr vermag bei einiger Sorgfalt und Uebung auch der nicht stenographirende Richter den Gesammtinhalt der mündlichen Verhandlung richtig zu fixiren. Ich berufe mich für diese Behauptung auf eine, wie ich glaube ausreichende Erfahrung. Ich habe nahezu tausend kontradiktorischen mündlichen Verhandlungen (nicht „Sachen") seit dem 1. Oktober 1879 als Richter beigewohnt und in allen, in denen ich nicht bereits als Referent auf Grund der mir vorher zugänglich gemachten Akten ausreichende Notizen besass, solche in der Sitzung für mich gemacht. Gleicherweise verfuhr der zweite Beisitzer der Civilkammer. Dadurch wurden Zweifel über das Vorgetragene nahezu ausgeschlossen. Ich erinnere mich nicht, dass wir je genöthigt gewesen wären, zur Vergewisserung über den Sachverhalt die mündliche Verhandlung wieder zu eröffnen und glaube mich anheischig machen zu können, heute noch aus Jahre lang zurückliegenden Aufzeichnungen den Thatbestand mit Sicherheit aufzustellen. Diese Erfahrungen werden mir von anderen Seiten vielfach bestätigt. Das Gericht hat es also durchaus in seiner Hand, das flüchtige Wort in angemessener Weise zu bannen und damit die Korrektheit des Thatbestandes zu wahren[25]). Dass es aber an der Bereitwilligkeit oder Fähigkeit dazu unserem Richter-

---

25) Ich setze voraus, dass sich die Sache überhaupt zur mündlichen Verhandlung eignet. Wenn nicht, ist zum Aushilfsmittel der CPO. § 313 ff. zu greifen. — Wie häufig kommt es vor, dass das Gericht nach wiederholten Vertagungen, Beweisaufnahmen auf Grund von Aufzeichnungen über den Vortragsinhalt wochen- vielleicht monatelang zurückliegender Termine den Thatbestand aufzustellen hat. Hat es ihn nicht sicher fixirt, so wird es freilich in der Schlussverhandlung den Vortrag erneuern lassen oder doch über zweifelhafte Punkte Fragen stellen. In solchen Fällen, überhaupt in zur Beweisaufnahme gedeihenden Sachen thut das Gericht sehr wohl, den Thatbestand auf Grund der stattgefundenen ersten

stande fehlen sollte, kann ich unmöglich annehmen. Die erforderliche Befähigung bringt jeder mit, der zuhören, aufpassen und mit kurzer zusammenfassender Notiz nachschreiben kann; vermag er gelegentlich nicht zu folgen, so kann er jederzeit den Redestrom des Anwalts unterbrechen und die feststellungsbedürftige Aeusserung wiederholen lassen[26]. — Die Bereitwilligkeit des Richters seiner Pflicht im sorgsamen Festhalten des Prozessinhalts nachzukommen, wird unterstützt durch die kollegialische Kontrole und durch die unangenehme Lage, in die er sich versetzt, wenn sich bei der Berathung über den von ihm abzufassenden Thatbestand ergiebt, dass er nicht genügend aufgepasst hat oder zu bequem war, den Vortragsinhalt zu notiren.

Immerhin muss zugegeben werden, dass das Gesetz unvorsichtig und ungenügend wäre, wenn es alles auf die Hoffnung dieses richterlichen Selbstprotokolls abgestellt hätte. Es muss den Parteien die Möglichkeit bieten, auch

---

erschöpfenden Verhandlung abzufassen. Wiederholte Beobachtungen haben mich in dieser Ueberzeugung bekräftigt. Dieser Modus erweist sich selbst dann sehr vortheilhaft, wenn wegen Wechsels des Richterpersonals die Sache noch einmal plädirt werden muss.

26) Die Rede fliesst am schnellsten, wenn die Schriftsätze „abgeleiert" werden. Gegen dieses Unwesen hat der Vorsitzende, welcher seine Pflicht richtig versteht, energisch auf Grund der CPO. § 128 Abs. 2 einzuschreiten. Nur wenn beharrlich dieses Recht ausgeübt wird, wird es gelingen, der mündlichen Verhandlung ihre Bedeutung zu wahren und einen Anwaltsstand heranzubilden, welcher seiner grossen Aufgabe wirklich gewachsen ist. Leider konniviren manche Gerichte dem Missbrauch, indem sie sich der angenehmen Uebereinstimmung des Vortrags mit den Schriftsätzen getrösten.

ihrerseits sich vor irrthümlichen und unvollständigen Thatbestandsfeststellungen zu schützen. Und das hat es m. E. gethan. In erster Linie dadurch, dass es den Anwälten nicht nur gestattet, sondern zur Pflicht macht, ausreichende Schriftsätze einzureichen. Genügen sie dem und unterlassen sie nicht, in der mündlichen Verhandlung noch besonders darauf hinzuweisen, dass sie den Inhalt ihres Schriftsatzes vortragen, betonen sie, welche Behauptungen „neu", d. h. nicht in den Schriftsätzen enthalten sind, so müsste es wundersam zugehen, wenn der Thatbestand dennoch unrichtig ausfiele[27]). Ueberdies

---

27) Jedes Gericht, welches sich nicht durch eingewurzelte Gewohnheit behindern lässt, dem Gesetze nachzuleben, wird mit Freuden die Schriftsätze benutzen. Seine Interessen und die der Parteien begegnen sich darin. Freilich heisst „ausreichend benutzen" noch nicht, sich einfach auf die Schriftsätze beziehen. B. glaubt, dass es ein Gewinn wäre, wenn solche in § 284 Abs. 2 gestattete Bezugnahme sich zum allgemeinen Gebrauch entwickelt hätte und tadelt das Reichsgericht, welches dem entgegengearbeitet habe. Ich bin anderer Meinung. Ohne mich näher auf die Kritik einschlagender reichsgerichtlicher Entscheidungen einzulassen, bez. ihnen durchgängig beizupflichten konstatire ich 1. dass dieselben eine richtige, d. h. die Uebereinstimmung des Inhalts der mündlichen Verhandlung und der Schriftsätze mit genügender Klarheit und Bestimmtheit feststellende Bezugnahme auf die Schriftsätze im Thatbestand nicht hindern können ohne mit dem Gesetz (§ 284 Abs. 2) in Widerspruch zu treten; 2. dass sie mit Recht auf eine nur beschränkte derartige Bezugnahme hinarbeiten, denn es ist für die sorgsame geistige Durchdringung des Stoffs von grossem Werthe, dass das Gericht diesen logisch geordnet und zusammenfassend darstelle; die Abfassung des Thatbestandes ist eine ebenso schwierige wie erzieherische Aufgabe (s. unten Anm. 36); auch ist bei gewohnheitsmässiger Bezugnahme auf die Schriftsätze die Gefahr nicht abzuweisen, dass der Thatbestand in Bausch und Bogen als vorgetragen beurkundet, was nicht vollständig oder mit Abweichungen vorgetragen wurde.

bietet das Gesetz die weitere Handhabe, von den Schriftsätzen abweichende Behauptungen durch Anlage zum Protokoll feststellen zu lassen (CPO. § 270)[28]. Wenn aber auf diese Befugniss praktisch wenig Gewicht fällt, weil die Anwälte von ihr nur geringen Gebrauch machen[29]), wenn sie desunerachtet vielfach von den Schriftsätzen abweichende und sie vervollständigende Thatsachen vortragen, so haben sie es sich selbst zuzuschreiben, falls das Gericht im Drange der mündlichen Verhandlung eine Behauptung nicht richtig erfasst. Aber auch dann noch bleibt — abgesehen von dem im kollegialgerichtlichen Verfahren nicht ganz zu verachtenden Thatbestands-Berichtigungsverfahren — die Berufung als *„ultima ratio"*. In ihr kann nachgeholt werden, was unten übersehen

---

28) Der achte deutsche Anwaltstag hat gegen den § 270 Abs. 1 eingewendet, dass derselbe dem richterlichen Ermessen zu viel Spielraum gebe, indem er die Beurkundung durch Recess von der „Wesentlichkeit" der betreffenden Behauptungen abhängig macht. Man sprach sich daher dahin aus, es solle § 270 Abs. 1 die Fassung erhalten: „Erklärungen, welche in vorbereitenden Schriftsätzen nicht enthalten sind, oder Abweichungen von dem Inhalt solcher Schriftsätze, sind auf Antrag durch Schriftsätze, welche dem Protokoll als Anlage beizufügen sind, festzustellen." Dagegen dürfte nicht viel einzuwenden sein. — Bedenklicher erscheint der Beschluss, dem § 270 einen Absatz 3 hinzuzufügen: „auf Antrag ist im Sitzungsprotokoll festzustellen, dass die in den vorbereitenden Schriftsätzen enthaltenen Behauptungen und Anträge mündlich vorgetragen wurden." Hierdurch würde das Verlesen der Schriftsätze zur Erkenntniss der Uebereinstimmung mit dem mündlichen Vortrag unvermeidlich und voraussichtlich an Stelle des Vortrags überhaupt dieses Verlesen treten.

29) In Württemberg (B. S. 379) scheint sich das Uebereichen der Recesse eingebürgert haben. In Sachsen bildet es meines Wissens die grosse Ausnahme.

wurde und — soweit nicht die Klageänderung eintritt oder ein ausdrückliches Geständniss in Frage ist — geändert werden, was unten als vorgetragen festgestellt ward. Freilich ist auch jenes Nachholen und Aendern durch die Kostengefahr odiös und gegen die falsche präjudicielle Thatbestandsfeststellung des Berufungsurtheils kein Kraut gewachsen. In der That also bietet das Gesetz einen absoluten Schutz gegen irrigen Thatbestand nicht; aber es legt in die Hand der Parteien (Anwälte) Mittel, welche die von B. erhobenen Bedenken praktisch nahezu bedeutungslos machen. Anders im amtsgerichtlichen Process; in ihm versagen mehrere der erörterten Garantieen sicherer Thatbestandsfeststellung[30]). Der Amtsrichter ist durch die Leitung der Sache dermaassen in Anspruch genommen, dass er nur sehr ungenügend den Vortragsinhalt selbst aufzuzeichnen vermag; die Franzosen helfen sich durch Privatnotizen des Gerichtsschreibers (sog. plumitif[31]). Aber das Mittel ist unzureichend: einmal, weil der Gerichtsschreiber nur selten die erforderliche Fähigkeit besitzen wird, sodann weil zum mindesten seine Vermerke nicht gleich strenger kollegialischer Kontrole unterstellt

---

30) Einen in vieler Beziehung verfehlten Angriff richtete gegen das amtsgerichtliche Verfahren Gründler in seiner Schrift: „Ist der Amtsgerichts-Civilprozess in seiner jetzigen Gestalt lebensfähig?" Berlin 1879. Vgl. dagegen Vierhaus a. a. O. S. 132 ff. und Küntzel in den ang. Beiträgen zur Erläuterung des deutschen Rechts, Bd. XXIV, S. 615 ff.

31) Vgl. Goldenring, der amtsgerichtliche ordentliche Civilprozess, Berlin 1879, S. 6.

sind, wie die des Landrichters. — Schriftsätze werden, wenn die Parteien unvertreten sind, regelmässig fehlen. Das Protokoll könnte nach § 470 und der in demselben freigestellten Anordnung des Richters den Thatbestand in sich aufnehmen; aber der Amtsrichter macht schon, um die Verzögerung der Verhandlung zu vermeiden, von dieser Freiheit nicht leicht Gebrauch. Sonach ist — mag der Amtsrichter sofort oder erst in besonderem Publikationstermin das Urtheil sprechen — der Thatbestand ins Unsichere gestellt, zumal das Verfahren zu seiner Berichtigung beim Amtsrichter wenig Aussicht auf Erfolg hat. Daher auch die nicht seltenen Klagen über irrige Thatbestände im amtsgerichtlichen Prozess.

Der achte Anwaltstag hat sich mit der Frage der Abhilfe beschäftigt und den Vorschlag gemacht, den § 470 also zu fassen:

„Anträge der Parteien, Geständnisse, sowie die Erklärungen über Annahme oder Zurückschiebung zugeschobener Eide sind ebenso wie Anerkenntnisse, Verzichtleistungen und Vergleiche (§ 146 Nr. 1) zu Protokoll festzustellen. Die Feststellung geschieht, soweit die Parteien durch Anwälte vertreten sind, mittelst eines dem Protokoll als Anlage beizufügenden Schriftsatzes, der als Theil des Protokolls gilt; sonst durch Aufnahme ins Protokoll.

In gleicher Weise sind auch anderweitige Erklärungen der Parteien zu Protokoll festzustellen, sofern der Richter dieselben für wesentlich erachtet oder der eine Partei vertretende Anwalt die Feststellung beantragt."

Schon das nothwendige Geständnissprotokoll würde selbst dann, wenn es in den Schluss der mündlichen Verhandlung durch zusammenfassendes Diktat des Richters verlegt würde, die Prozedur erheblich beschweren. Immerhin ist anzuerkennen, dass der Vorschlag des Anwaltstages unter der Voraussetzung der entsprechenden Entlastung der Amtsrichter durchführbar und auch dem Richter genehm sein sollte, weil ihm dadurch die Abfassung des Thatbestandes wesentlich erleichtert würde. Ob sich andere und bessere Wege zur Abhilfe eröffnen, vermag ich hier nicht zu erörtern. Nur einige naheliegende Gedanken möchte ich zurückweisen.

Man könnte versuchen wollen, den Thatbestand unter Konkurrenz der Parteien festzustellen etwa in der Form, dass — abgesehen von Versäumnissfällen und Urtheilen nach CPO. § 277, 278 — der ausgearbeitete Thatbestand vor der Urtheilspublikation auf der Gerichtsschreiberei eine bestimmte Frist zur Prüfung und eventuellem Widerspruch seitens der Parteien ausgelegt würde mit der Folge erneuter mündlicher Verhandlung im Falle des Widerspruchs. Diese unabwendbare Folge würde eine unerträgliche Verschleppung des Verfahrens und eine Fülle zweckloser Erneuerungen desselben mit sich bringen.

Noch gefährlicher wäre der naheliegende radikale Schritt, dem amtsrichterlichen Thatbestand überhaupt die unwiderlegliche — d. h. nur durch das Sitzungsprotokoll widerlegliche — Beweiskraft zu entziehen. Praktisch bedeutsam wäre das nur, wenn man damit den Thatbestand überhaupt für gänzlich beweisunkräftig erklärte oder den

Satz aufstellte, dass in der Berufungsinstanz sich der Prozess völlig und ungebunden durch den Vorgang der unteren Instanz erneuere. Damit aber hätte man zwei durchaus verschiedene Rechtsmittel der Berufung geschaffen und die Berufungsinstanz in amtsrichterlichen Sachen von der Basis der ersten Instanz losgelöst. Die Konsequenzen wären nicht erträglich.

VI.
Die Mündlichkeit.

Alle die Schwierigkeiten und Uebelstände, welche vorstehend berührt wurden, wären mit einem Schlage beseitigt, wenn man sich entschliessen wollte, dem Gedanken B.'s folgend, das mündliche Verfahren der CPO. in ein schriftliches mit einer Art mündlicher Schlussverhandlung im Sinne des preussischen Rechts zu verwandeln: „die Grundlagen des Processes von den Parteien schriftlich niederlegen" zu lassen und „daneben die mündliche Verhandlung nur »zum besseren Verständniss« beizubehalten" (S. 395).

Die Geschichte der CPO. zeigt nun, dass man vollbewusst die drohenden Gefahren auf sich nahm um grösserer Vortheile willen, welche man zu erreichen hoffte. Hierin freilich würde man sich geirrt haben, wenn es wahr wäre, dass man die „innere Wahrheit" gegen äusserliche Vortheile von noch dazu zweifelhaftem Werth preisgegeben hätte, wenn wirklich die „Mündlichkeit" „kaum mehr als eine Coulisse, eine gemalte, erlogene Fassade" des Prozessgebäudes (S. 429) wäre.

B. erklärt, „um nicht Missdeutungen zu unterliegen, dass er der Mündlichkeit des Processes den grössten Werth beilege". Diesen Werth findet er (S. 391) in der Gelegenheit, 1. für die Parteien, ihrer Sache „ein lebendigeres Kolorit" zu geben, sowie „Unklarheiten, Mängel, Unvollständigkeiten" ihrer Schriften zu verbessern und dadurch ein richtigeres Verständniss derselben zu sichern, 2. für den Richter, durch Fragen Missverständnisse auszugleichen und auf Klarstellung des Streitstoffes hinzuwirken. Ausdrücklich erklärt er den Werth der Mündlichkeit unabhängig davon, ob die Parteien selbst vortragen oder der Richter den Schriftinhalt referirt, ob die Schriften allein den Prozessstoff enthalten oder ergänzungs- und abänderungsfähig sein sollen durch mündlichen Vortrag. Die Wahrheit der Urtheilsgrundlage aber erscheint ihm nur durch die solide Schriftgrundlage gesichert; daher wünscht er — so scheint es — den obligatorischen und unter der Herrschaft der Eventual- und Präklusionsmaxime stattfindenden Schriftenwechsel mit Richterreferat in der Schlussverhandlung[32]).

---

32) Nur so liesse sich m. E. erreichen, was B. erreichen will. Denn wollte man ein Zwischending zwischen Mündlichkeit und Schriftlichkeit derart schaffen, dass zwar die Parteien an die Schriftsätze gebunden sein sollten, aber ihren Inhalt in der mündlichen Verhandlung frei ergänzen dürften, so würde 1. der Schriftenwechsel seiner Substanz nach in das Belieben der Parteien gestellt und sie könnten willkürlich das Schwergewicht der Behauptungen in die mündliche Verhandlung werfen, 2. eine fatale Zwittergestalt der Urtheilsgrundlage geschaffen, welche theils in den Schriftsätzen, theils in der mündlichen Verhandlung gesucht werden müsste mit der unliebsamen Folge unausführbarer Unterscheidung zwischen

Wir werden uns keinen Illusionen darüber hingeben, dass ein solches Verfahren die Vortheile der Mündlichkeit auf ein verschwindendes Maass reducirt. Die Erfahrungen des preussischen Prozesses, welche B. selbst anführt, und die richtige Berechnung der entscheidenden seelischen Faktoren beweisen es. Das „lebendigere Kolorit", das „Verbessern von Unklarheiten, Mängeln", zumal „Unvollständigkeiten" wären eitel Wahn. Als einziger Gewinn bliebe die werthvolle Kontrole darüber, dass der Richter den Streitstoff und Streitwillen vollständig erfasst habe und die Möglichkeit, seine etwaigen Zweifel darüber durch Frage aufzuhellen.

Verstehen wir den wahren Werth der Mündlichkeit recht, so liegt er keineswegs darin, dass der Prozessstoff verständnissvoll wahrgenommen wird, sondern darin, wie er entsteht. Hier also befinde ich mich in einem grundsätzlichen Gegensatz zu B. und gestehe gern, dass ich diese Einsicht in die Sachlage erst meiner praktischen Beschäftigung mit der CPO. verdanke. Soll ich aber mit einem Wort die Eigenschaft des mündlichen Verfahrens bezeichnen, in welcher ich jenen bedeutsamen Gegensatz des schriftlichen und mündlichen Prozesses finde, so möchte ich sie die Natürlichkeit des letzteren nennen. Mit ihr aber, im Gegensatz zum Formalismus und zur Künstlichkeit des Schriftverfahrens, ist zugleich dem münd-

---

dem was Novum und was Aenderung des in den Schriftsätzen Enthaltenen sei, 3. die mündliche Verhandlung, falls die Parteien sich an ausführlichen und erschöpfenden Schriftenwechsel gewöhnten, thatsächlich auf einen Formalakt herabgedrückt.

lichen Prozess die grössere innere Wahrheit beigemessen, welche B. für einen Vorzug der Schriftlichkeit erklärt.

Das mündliche Verfahren ist natürlich und einfach, weil es ohne die verkünstelten Schranken der Eventual- und Präklusionsmaxime einer freien Gestaltung des Streitstoffs Raum giebt. Ein schriftlicher Prozess kann ohne jenes formalistische Princip die Ordnung des Rechtsgangs nicht gewährleisten. Im Gefolge desselben aber steht zunächst die Ueberfüllung des Prozesses mit haltlosen oder doch nur eventuell in Betracht kommenden Rechtsbehelfen; vorsorglich müssen Angriffs- und Vertheidigungsmittel gehäuft werden, damit sie nicht verloren gehen. Es bildet sich die an die Chikane streifende, durch die Verlustgefahr und Unsicherheit über die Ansicht des Gerichts und den möglichen Gang des Prozesses entschuldigte Kampfesweise aus. Die Geduldigkeit des Papiers, welches nicht erröthet, gestattet das flotte Leugnen wahrer Thatsachen und das nicht minder flotte Aufstellen vorsorglich aus der Luft gegriffener — möglicherweise doch wahrer — Behauptungen. Man muss eben sorgen, dass man sich nichts vergebe. Auf der anderen Seite rächt sich jedes Uebersehen oder Unterschätzen einer wesentlichen Thatsache furchtbar durch den Verlust des Prozesses oder führt doch zu verschleppendem Restitutionsverfahren.

So erfüllt sich der schriftliche Prozess, der die grössere innere Wahrheit für sich haben soll, weil er im Momente der Urtheilsfällung dem Richter den Streitstoff unverlierbar unter die Augen rückt, mit Unwahrheit, weil er eine Urtheilsgrundlage schafft, die sich weit von dem wahren Sachverhalt entfernt, dessen Beurtheilung Zweck ist. So erzieht er mit seinen kaptiösen Präklusionen die Anwälte selbst zur Rabulisterei und Chikane, ohne doch dem Gericht das Recht oder auch nur die moralische Kraft einer Reprimande zu verleihen. — Aller Formalismus trägt ein Stück Unwahrheit in sich; er ist bewusste Unwahrheit, indem er die Form über den Inhalt siegen lässt.

Dadurch, dass die CPO. den Formalismus in der Entstehung des Streitstoffs abgeworfen hat, ist sie dazu angethan, unserer Rechtspflege unnennbaren Segen zu bringen. Allerdings ist Vielen diese hohe Tendenz des Gesetzes noch nicht genügend aufgegangen und ist selbst in den Entscheidungen des höchsten Gerichts hier und da eine Neigung zu neuem und nicht minder verderblichem, den Segen des Gesetzes verkümmerndem Formalismus: dem Mündlichkeitsformalismus hervorgetreten. Das mag zusammenhängen mit einer gewissen aus nicht voller praktischer Kenntniss herrührenden übergrossen Besorgniss vor Gesetzesverletzung; sie wird schwinden, wenn unser höchstes Gericht besetzt sein wird mit Männern, die von unten auf im Geiste des Gesetzes erzogen sind[33].

---

33) Ich fürchte kein Missverständniss dieser Worte, die keinerlei Vorwurf, geschweige denn eine Missachtung der Judikatur des Reichsgerichts enthalten sollen. Das Gute pflegt ruhig hingenommen, demjenigen, was man für unrichtig hält, laut widersprochen zu werden. Um so mehr halte ich es für angezeigt, hier ausdrücklich meine Bewunderung auszusprechen für die tief eindringende, von hoher Sorgfalt und feinstem Verständniss zeigende Handhabung der CPO. durch das Reichsgericht.

Man hat, als man das Gesetz machte, gezagt vor dem gänzlichen Fortfall der Cäsur und Präklusion innerhalb der mündlichen Verhandlung. Heutzutage wird jeder, der das Gesetz hat verständnissvoll handhaben sehen, Gott danken für den kühnen Entschluss, welcher dem Verfahren die volle Freiheit und Natürlichkeit der Entwickelung gab. Dass dessen unerachtet die Furcht vor verzögerlicher, chikanöser Vertheidigung sich nicht bewährt hat, ist allein schon ein Zeichen der inneren Gesundheit dieser Prozedur.

Indem sie Richter und Anwälte sich gegenüberstellt und ausserdem dem Gericht gestattet, die Partei in Person zu laden, fördert sie die Wahrheit und hemmt sie die Streitsucht in einer höchst wirksamen Weise. Das vorsorgliche, von der Chikane schwer zu scheidende bewusste unwahre Leugnen[34]), das Behaupten fingirter Vertheidigungsthatsachen hat hier keine Stätte. Die Ehre des Anwalts duldet es nicht, öffentlich sich dem Verdacht der Unwahrheit auszusetzen; und die Kollegialität schliesst es aus, dass man gegen einander Chikane übe oder auch nur durch Anklammern an formale Verfehlungen die Situation ausnutze. Der unmittelbare Verkehr der Anwälte untereinander und mit dem Gericht sänftigt die Streitlust und erleichtert in hohem Grade den Abschluss von für beide

---

34) Dass es allemal Chikane sei, lässt sich nicht behaupten; ist doch die Position denkbar, womöglich den nach der Ueberzeugung des Anwalts grundlosen Anspruch des Gegners schon an dem Beweise des an und für sich wahren Klaggrunds scheitern zu lassen, zumal dann, wenn die Partei Gefahr läuft, ihre Einrede in das Gewissen des Gegners stellen zu müssen.

Theile vortheilhaften Vergleichen. Es wirft auf den Anwalt ein ungünstiges Licht, wenn er sich derartigen Vergleichsvorschlägen des Gerichts abgeneigt zeigt oder gar ihnen entgegenarbeitet. Hier, wie auch in anderer Beziehung, erweist sich die Ladung der Partei überaus nützlich. B. unterschätzt dieses Mittel; die Art, wie er es kritisirt, trägt einen doktrinären Stempel. Wiederholt habe ich es erlebt, dass Anwälte selbst den Wunsch der Parteiladung ausgesprochen haben, dass durch wenige Fragen an die anwesende Partei die Sache in ein völlig neues und aufhellendes Licht gestellt, dass durch ihre Zugeständnisse weitaussehende Beweise vermieden worden sind. Es kann den Gerichten nicht dringend genug empfohlen werden, von der Parteibefragung einen möglichst ausgiebigen Gebrauch zu machen [35]).

Aber nicht nur in der angegebenen Richtung zieht die Rechtspflege grossen Gewinn aus der Mündlichkeit. Sie bringt eine Beweglichkeit des Rechtsganges mit sich, welche unter nur einigermassen geschickter Leitung des Vorsitzenden eine ungemeine Vereinfachung und damit zugleich Beschleunigung der Sache im Gefolge hat. Es ist für das Gericht in vielen Fällen ein Kleines, durch

---

35) Auch hier möchte ich mich vor einem Missverständniss wahren: vor dem Vorwurf, der Wahrheitstreue und Würde des Anwaltsstandes zu nahe zu treten. Die Ladung der Partei enthält keine Verdächtigung ihres Sachwalters. Jedermann weiss, dass das Gericht und die Situation der mündlichen Verhandlung, die Gegenüberstellung mit dem Gegner oder seinem Anwalt zur Partei anders sprechen, als es ihr Rechtsanwalt vermag. Nicht selten verschliesst sie ihm gegenüber, was sie hier offenbart. Oft auch werden erst im Gericht ihre Missverständnisse wirksam gehoben.

Betonung der Rechtslage unhaltbare Angriffs- und Vertheidigungsmomente aus dem Prozesse auszuscheiden, schiefe Angriffe, falsch gestellte oder ungenügend begründete Anträge auf die richtige Bahn zu lenken bez. näher substantiiren zu lassen und damit nutzlosen Abweisungen vorzubeugen. Welch ein Gewinn liegt allein schon im Aussterben der fruchtlosen Abweisung angebrachtermassen! Und wie nutzbringend wirkt die Trennungs- und Isolirungsbefugniss des Gerichts mit Beziehung auf selbstständig verhandlungsfähige präjudicielle Punkte! Wie viel Zeit und Mühe wird erspart, wenn wir in einem Schädensprozesse die Verhandlung vorerst auf den Grund des Anspruchs beschränken und aus ihr mit Sicherheit entnehmen können, dass derselbe wegen Grundlosigkeit abzuweisen ist; oder wenn schon der Klaggrund bestritten ist und die auf ihn beschränkte Beweisaufnahme zu der dem Beklagten günstigen Entscheidung führt; oder das gleiche Resultat durch die Beweisaufnahme über eine Einrede erwächst. Hier zeigt sich auch der Gebrauch des Eidesbeschlusses und die Einwirkung auf die Parteien zur Einigung über Norm und Erheblichkeit des Eides überaus fruchtbar. Liegen die Beweisantretungen so, dass voraussichtlich auf jeden Fall noch auf den Eid zu greifen und dieser einer bestimmten Partei aufzuerlegen sein wird, so wird der einsichtige Anwalt leicht zu jener Einigung über die Eidesnorm zu bringen und damit die Sache glatt zu erledigen sein, ohne dass es der vorgängigen Anhörung eines doch nicht voll überzeugenden Zeugen — etwa eines Ehegatten der Partei — und des verzögerlichen

Eidesurtheils bedarf. Wiederholt habe ich es erlebt, dass in solchen und ähnlichen Fällen der anwesenden Partei sofort nach ausreichender Befragung und Vergewisserung über ihre Wissenschaft der in der Sitzung formulirte Eid abgenommen und dadurch die Sache selbst ohne Urtheil — der Gegner unterwarf sich dem Antrag des Schwörenden — erledigt werden konnte.

Schon diese wenigen Bemerkungen, die meiner festen Ueberzeugung nach nicht Phrase und nicht sanguinische Hoffnung, sondern Wahrheit sind, genügen, um den Einblick zu erschliessen in die fruchtbare und segenstiftende Wirkung der Mündlichkeit. Indem sie der Verhandlung nicht nur lebendiges „Kolorit", sondern inneres Leben giebt, indem sie den Streitstoff selbst, nicht nur sein Verständniss in einer der Wahrheit entsprechenden und den Rechtsgang entlastenden Weise gestaltet, ist sie eine Schule des Juristenstandes, der Anwälte und Richter im besten Sinne des Worts[36]). Allerdings stellt sie an die-

---

36) Gilt dieser Satz auch für die Schulung des im Vorbereitungsdienst befindlichen jungen Juristen? Ich habe diese Frage geflissentlich in den bisherigen Erörterungen bei Seite gelassen und gedenke auf sie in selbstständiger Abhandlung zurückzukommen. Einstweilen mag es mir gestattet sein, meine Ueberzeugung kurz dahin auszusprechen: dass auch das Verfahren der CPO. sich in höchst erspriesslicher Weise didaktisch ausbeuten lässt und dass das thunlich ist ohne Festhalten des schriftlichen Richter-Referats und Votums im oben S. 17 ff. besprochenen Sinne. Dass sich die schriftliche Arbeit des Referendars an solchem „gleichsam geistig emporranken" müsse, um zu gedeihen (S. 414), kann ich nicht zugeben. Wie man ihn höchst erfolgreich schriftlich beschäftigen könne, das hat schon Schaper in den oben Anm. 12 angeführten Abhandlungen gezeigt. Von der „vorbereitenden" d. h. der münd-

selben gesteigerte Anforderungen. Wie alle höhere Freiheit zugleich höhere Pflicht bedeutet, sinnt auch die Freiheit des mündlichen Verfahrens den Anwälten grössere Gewissenhaftigkeit und Gründlichkeit der Arbeit sowie die neue Pflicht sorgsamer Schulung im Vortrag, dem Richter, zumal dem Vorsitzenden, ein nicht unerhebliches Maass von Geistesgegenwart und strenge Selbstdisciplin in der Verfolgung und Leitung der Verhandlung an. Aber sie stellt ihre Forderungen nicht ab auf ideale Menschen und Gaben und lässt den Einzelnen nicht ohne starke ihn über die Neigung zum Beharren und zur Nachlässigkeit erhebende Impulse. Auch der mittelmässig Begabte wird bei pflichttreuer Anspannung dem Gesetze Genüge leisten können und dass er es thue, dafür bietet die Lage, die wechselseitige Kontrole der Anwälte und Richter einen nachhaltigen Anreiz.

Kein Vorwurf gegen die CPO. scheint mir nach alledem ungerechter als der, dass sie den Richter- und Anwaltstand entarten lasse.

Wenn heute noch Gerichte, wie uns erzählt wird,

---

lichen Verhandlung vorausgehenden Arbeit abgesehen, lasse man ihn Urtheile arbeiten; die überaus bildende „gedrängte Darstellung des Sach- und Streitstandes auf Grundlage der mündlichen Vorträge der Parteien unter Hervorhebung der gestellten Anträge (Thatbestand)" stellt an ihn ganz dieselben, ja höhere Anforderungen, als das alte Referat. Die Schulung in der geistigen Selbstständigkeit und im Urtheil aber wird erreicht, wenn man Hand in Hand gehen lässt die vorbereitende Arbeit nebst mündlich begründetem Votum bei der Berathung mit der nachträglichen Ausarbeitung der Gründe des beschlossenen Urtheils.

sich in der sog. mündlichen Verhandlung darauf beschränken sollten, den Anwalt zu fragen: „Haben Sie den Schriftsätzen noch etwas zuzusetzen"? und auf die verneinende Antwort hin die mündliche Verhandlung damit für geschlossen zu erklären (S. 366), so richtet ein solch grob gesetzwidriges Verfahren sich selbst. Nicht zeigt es, dass hier eine „Art elementarer Gewalt" zum Missbrauch führe (S. 416), sondern dass, wie ja auch B. annimmt, die alte „Geistlosigkeit der Justizübung" sich in die neue Zeit hinüberzuretten bemüht. Dieser Brauch aber ist erwachsen unter den Einrichtungen, welche B. — wenn ich ihn recht verstehe — der CPO. als besser gegenüberstellt. Es gilt solchen Schlendrian öffentlich zu brandmarken und zu bekämpfen, so wird er schon vor dem Absterben der aus dem alten Verfahren in das neue hinübergetretenen Generation verschwinden.

Dass sich — von solchen und ähnlichen Missbräuchen abgesehen — das Verfahren der CPO. im allgemeinen erfreulich entwickelt, wird von verschiedenen Seiten anerkannt. Ich berufe mich u. a. auf das gewichtige Zeugniss in der oben (S. 5) angezogenen Schrift des Senatspräsidenten des Reichsgerichts Dr. Henrici und auf Aeusserungen wie die des Hamburger Rechtsanwalts Dr. May auf dem achten Anwaltstage:

„Wir (die Hamburger Anwälte) sind ziemlich übereinstimmend der Meinung, dass das jetzige Verfahren, wenn es von einem vernünftigen Richter an der Hand der Prozessgesetzgebung gehandhabt wird, ein ausserordentlich gutes ist."

und die bekräftigenden Worte des Rechtsanwalts Dr. Binz aus Karlsruhe:

„ich kann zunächst den Herren Kollegen aus Hamburg mein freudiges Einverständniss aussprechen. Ich glaube, dass die überwiegende Mehrzahl meiner badischen Kollegen mit mir darin übereinstimmt, dass wir gegen die Principien unserer Prozessordnung nicht nur nichts einzuwenden haben, sondern im Grossen und Ganzen mit derselben durchaus einverstanden sind; ich wenigstens würde es geradezu als einen Frevel bezeichnen, wenn wir jetzt schon gegen die Existenz der Civilprozessordnung vorgehen wollten."

Leicht liessen sich die Stimmen mehren. Vor allen bedeutsam aber ist das Wort des Chefs der preussischen Justizverwaltung, des Justizministers Dr. Friedberg, welcher von hoher Warte aus in dem schon oben (Anm. 8) angeführten Immediatbericht an S. Majestät den Kaiser und König am 31. Januar 1882 sich dahin äusserte:

„es ist eine erfreuliche Beobachtung, dass die Gerichte und auch die tüchtigen Rechtsanwalte, man darf sagen: ausnahmslos, dem neueren Prozess den Vorzug vor dem früheren Verfahren zuerkennen. — Bevor die Civilprozessordnung in das Leben trat, hatte vielfach die Besorgniss bestanden, dass die Aufhebung der sogenannten Eventualmaxime, d. h. die Zulassung neuer Anführungen in jedem Stadium der Instanz bis zum Endurtheil, eine Quelle arger Chikane und Verschleppungen werden würde. Diese Befürchtung hat sich glücklicherweise nicht erfüllt. Im Gegentheil wird anerkannt, dass die Befreiung des Prozesses von hemmenden Formen in Verbindung mit der unmittelbaren Verständigung zwischen den Parteien und dem erkennenden Gerichte wesentlich dazu beiträgt, das den wirklichen Verhältnissen der Parteien entsprechende materielle Recht sicherer zu Tage zu fördern, als dies bisher geschehen konnte.

Zugleich macht sich die Beobachtung geltend, dass das neue Verfahren im Allgemeinen auch zu einer schnelleren Erledigung der Rechtsstreitigkeiten führt. Nur bei einzelnen grossen Gerichten tritt dieser Vorzug weniger entschieden zu Tage. Es wirkt hier nachtheilig ein, dass vielbeschäftigte Rechtsanwälte gleichzeitig vor mehreren Civilkammern Termine wahrzunehmen haben, und dass deshalb häufig die Verhandlung der Prozesse wegen der Verhinderung der Anwälte vertagt werden muss. Indessen lässt sich auch hier von einer längeren Uebung und Eingewöhnung ein Authören jenes nicht wegzuleugnenden Missstandes erhoffen."

Bleibt es wahr, was Preussens grösster Jurist und unter allen Geistern, welche schöpferisch für die Rechtsordnung wirkten, einer der bedeutendsten: Carl Gottlieb Suarez aussprach:

„die grosse Regel: suche die Wahrheit auf dem nächsten und sichersten Wege! — diese Regel wird immer das Grund-Principium einer jeden Prozess-Form bleiben müssen, die von aufgeklärten Regenten vorgeschrieben und von vernünftigen Richtern befolgt zu werden verdient"

dann ist unsere Civilrechtspflege auf guten Grund gebaut; denn Wahrheit ist ihr Ziel und Gerechtigkeit die Frucht, die dem deutschen Volke aus ihr reifen muss, wenn man sie reifen lässt in Geduld.

Printed by Libri Plureos GmbH
in Hamburg, Germany